E. D'AVESNE

LA

FRANCE CHRÉTIENNE

EN 1870

(EXTRAIT DES *DEUX FRANCES*)

> Puisque vous voulez qu'il y
> ait deux Frances, la vôtre est
> la France athée, la nôtre est
> la France chrétienne.
> Cte F. DE CHAMPAGNY.

PARIS

ANCIENNE MAISON CHARLES DOUNIOL

JULES GERVAIS, LIBRAIRE ÉDITEUR

29, RUE DE TOURNON, 29

—

1880

LA FRANCE CHRÉTIENNE

Paris. — E. DE SOYE et FILS, imprimeurs, place du Panthéon, 5.

E. D'AVESNE

LA

FRANCE CHRÉTIENNE

EN 1870

(EXTRAIT DES *DEUX FRANCES*)

> Puisque vous voulez qu'il y
> ait deux Frances, la vôtre est
> la France athée, la nôtre est
> la France chrétienne.
>
> Cte F. DE CHAMPAGNY.

PARIS

ANCIENNE MAISON CHARLES DOUNIOL

JULES GERVAIS, LIBRAIRE-ÉDITEUR

29, RUE DE TOURNON, 29

1880

Lorsqu'il y a un mois je publiai Les Deux Frances, *je mis en regard, pour répondre à certaines accusations, les hauts faits de la France chrétienne et les tristes exploits de ses accusateurs. Parallèle triomphant, mais douloureux; car si d'un côté se trouvaient les gloires les plus pures, de l'autre se rencontraient des hontes qui, aux yeux de l'Europe, n'ont malheureusement que trop rejailli sur le drapeau français.*

Je laisse aujourd'hui de côté toutes ces hontes, et à ceux qui, comme moi, prennent moins de plaisir à se rappeler les fautes et les crimes de leurs adversaires que les grandeurs de la Patrie, je dédie ce petit livre.

C'est un écrin de famille où ils pourront contempler quelques-uns des joyaux qui couronnent avec tant de splendeur le front de la France chrétienne, leur mère et la mienne.

Si l'on me dit que tout ce que je vais raconter

est connu, je répondrai : non, cela ne l'est pas,
ou, si vous préférez, cela ne l'est plus, hélas!
La foule a oublié tous ces dévouements obscurs
et ces héroïsmes cachés. Si elle s'en souvenait,
n'imposerait-elle point silence à ceux qui les
calomnient? Prêterait-elle une oreille si bien-
veillante à leurs criminels discours? Elle ne se
révolte pas à entendre ces sottes infamies, donc
elle ne se souvient plus des actes de courage
qu'on blasphème devant elle. Aussi faut-il les
lui rappeler et lui dire encore combien grands,
combien simples et combien nombreux ils furent.
Ce sera le meilleur moyen de la prémunir contre
les coupables colères auxquelles on veut la
pousser, et en même temps la meilleure réponse
à faire à tous nos détracteurs, puisque ce sera
la protestation, sans réplique possible, du sang
versé dans des jours de deuil pour la France
et pour Dieu.

LA

FRANCE CHRÉTIENNE

(1870)

I

Le Clergé séculier.

Dès les premiers jours de la funeste campagne qui devait aboutir à notre défaite et à notre ruine, le sang du prêtre français coula, se mêlant au sang valeureux de nos infortunés soldats.

Le 6 août 1870, après le combat meurtrier de Spickeren, pendant que le général Frossard abandonnait Forbach et se repliait sur Sarreguemines, une division du corps de Steinmetz occupait Gunstatt. Quel était le plan du général prussien? Nous ne le savons pas. Peut-être voulait-il user de l'avantage que lui donnait son adversaire et tenter de tourner les Français avant qu'ils fussent entrés à

Sarreguemines. En tout cas, il avait besoin d'un homme qui servît ses plans et cet homme, il le lui fallait à tout prix.

Il fit donc arrêter le curé de Gunstatt pour essayer de le gagner. Il ignorait sans doute qu'héroïsme et sainteté ne font qu'un et qu'il y a loin du traître au vrai chrétien. Le prêtre répondit par un refus formel aux sollicitations ennemies. Un refus, le Prussien ne l'admettait pas ; on traduisit le curé devant une sorte de cour martiale et, comme son attitude n'y changeait pas, on le condamna à être passé par les armes, si, dans un délai de deux heures, il n'était revenu sur sa première détermination.

Sous l'œil d'un factionnaire allemand, le prêtre employa ces deux heures à prier ; puis, le sursis écoulé, de lui-même il alla se placer devant le peloton d'exécution : deux secondes après, il roulait foudroyé sous les balles.

Sa dernière parole avait été : « Mourir, j'y consens ; trahir la France, jamais ! »

*
* *

En tombant, cet humble curé de village venait de montrer comment le clergé entendait le patriotisme et l'amour du pays (1). C'était la première

(1) « Si nous parlons du clergé, nous dirons que, de l'aveu de tous, il a été à la hauteur de sa mission. Dès

victime, mais c'était une victime dont le sang, comme celui des martyrs, devait faire germer des milliers de héros. Déjà il en accourait de tous les points de la France, de ces soldats pacifiques, dont tout l'équipement militaire se composait d'un bréviaire et d'une croix. A peine avaient-ils entendu dire qu'à la frontière l'armée se battait que leur cœur s'émut. « Les uns marchèrent vers les camps afin d'assister aux batailles où le soldat mourant avait besoin d'un soutien ; les autres, sans s'éloigner de leurs troupeaux, se préparèrent à recevoir la grande épreuve. Ils créèrent les ambulances pour les combats d'alentour ; ils se firent plus tard, auprès du vainqueur, les protecteurs des villageois ; ils étanchèrent le sang des blessures, éteignirent l'incendie des moissons, soutinrent les courages abattus et proclamèrent les droits du

l'origine, il s'offrit de lui-même et tout entier pour contribuer au salut commun. Il exerça une puissante influence, par la parole et par l'action, dans les paroisses et hors des paroisses, animé du vif esprit de résistance à l'ennemi et de l'inspiration patriotique qui s'étaient emparés de la population. Elle le vit ne faire qu'un avec elle, soit lorsque ses membres se consacraient aux ambulances et aux ateliers intérieurs, soit lorsqu'ils fournissaient des aumôniers aux ambulances extérieures, se faisaient infirmiers ou brancardiers sur les remparts, ou marchaient en volontaires dans les sorties, prodiguant sous le feu de l'ennemi les secours de la religion aux mourants, en même temps que l'appui de leurs bras aux blessés. Empressons-nous de dire que les ministres des autres cultes agirent avec le même patriotisme. » (*Rapp. à l'Académie française*, 8 août 1872, p. 771, 772.)

faible et du pauvre. On en vit, pendant les nuits d'hiver, guider dans les sentiers de la montagne, de jeunes mobiles égarés et surpris par l'ennemi... Combien de villages, de hameaux, de chaumières et de granges ont été préservés à la prière de l'humble curé, combien de blessures se sont cicatrisées sous sa main ! »

*
* *

Les évêques avaient les premiers donné l'exemple : Mgr Rœss, à Strasbourg ; Mgr Dupont des Loges, à Metz ; Mgr Guibert, à Tours ; les cardinaux de Bonnechose et Mathieu, à Rouen et à Besançon ; Mgr Landriot, à Reims ; Mgr Dupanloup, à Orléans, avaient transformé leurs séminaires, leurs établissements diocésains et quelquefois leurs palais épiscopaux en ambulances. Non contents de livrer leurs maisons, ils avaient fait appel à la charité de leurs fidèles et au dévouement de leurs séminaristes, pour avoir l'argent et les bras nécessaires au soulagement de tant de souffrances et de tant de douleurs. Séminaristes et fidèles avaient répondu à l'appel et de toutes parts le secours demandé était venu. A Paris, sur 634 ambulances créées pour les besoins de la guerre (19,617 lits), 114 avaient été fondées et étaient soutenues par le clergé parisien. Plus de six cents religieuses de divers ordres étaient employées auprès des malades.

Par delà les frontières, leurs sœurs devaient prodiguer les mêmes soins aux frères d'armes de ceux sur lesquels elles veillaient avec une tendresse maternelle. A Düsseldorf, à Coblentz, à Erfurth, à Kalk, nos soldats virent la cornette blanche auprès de leurs lits de prisonniers malades, comme les blessés du grand siège ou de l'armée de la Loire la contemplaient auprès d'eux dans les hôpitaux de Paris et d'Orléans. Ils virent aussi dans les forteresses où on les parquait, les prêtres courageux qui les avaient suivis sur les champs de bataille (1). La mitraille n'avait pas arrêté ces soldats du bon Dieu ; les privations d'une pénible captivité ne les arrêtèrent pas davantage, et comme on avait aperçu la soutane et la capote militaire au milieu de la fumée des combats, on les retrouva encore côte à côte sous le ciel brumeux d'Allemagne. Ici comme là-bas le soldat souffrait, ici comme là-bas il avait besoin d'un consolateur ; ce consolateur ne lui fit pas défaut, et jusqu'au bout le prisonnier le vit à ses côtés sous les traits bénis du prêtre.

(1) Citons les noms de quelques-uns de ces intrépides aumôniers : MM. les abbés Goergueim, Mounier, Detz, Wibeau, La Bouille, Guers, Stande, Belmont, Rambaud, Debras, Uhlès, Lerebour, Lamarche, Baron, Galiot, Fortier, Vimar, Coulange, Wagner, Bonnel ; les RR. PP. de Damas, de la Grange, Bailly, Dubray, Joseph, Staub, Laboré, Hermann, etc., etc.

*
* *

Au commencement de la guerre, l'armée ne comptait que quarante-six aumôniers. C'était bien peu pour tant de victimes promises à la mort. Le clergé le comprit et bientôt les demandes affluèrent dans les bureaux du ministre. En septembre, plus de dix mille requêtes avaient déja été formulées. L'annonce de nos premiers grands désastres ne fit qu'activer le dévouement et le zèle des prêtres catholiques. Ils s'offrirent comme aumôniers volontaires. Beaucoup partirent, mais tous, hélas! ne revinrent pas. Les uns moururent de fatigue, les autres tombèrent, comme de simples soldats, sans bruit et sans éclat, au milieu d'un bois, dans un sillon où ils soutenaient l'agonie solitaire de quelque enfant du peuple ou du dernier descendant d'une race de preux. Le boulet prussien les frappait et ils escortaient au ciel le chrétien qu'ils venaient d'absoudre.

*
* *

« Nous avons connu un jeune prêtre qui est mort à la peine, dit un vaillant officier... Faible, il supportait des fatigues inouïes; timide, il soutenait les courages; mais il sentait à chaque pas qu'il marchait vers une mort prochaine... Il mourut au milieu des soldats, après une marche pénible.

« Couché au pied d'un arbre, la tête posée sur un sac de soldat, un crucifix dans les mains, les yeux tournés vers le ciel, le jeune prêtre remuait à peine les lèvres. Son visage rayonnait de gloire et de bonheur...

« Des soldats en grand nombre étaient groupés autour de lui, les uns debout, les autres agenouillés. Il y avait là de vieux grenadiers d'Afrique à côté de conscrits imberbes, Tous apprenaient à mourir.

« Parmi ces soldats les uns donnaient des soins maternels au pauvre prêtre leur compagnon, les autres joignaient leurs prières aux siennes. Tous étaient émus, recueillis et profondément impressionnés. Cependant ils avaient vu la mort à toute heure; elle leur était familière, mais nul ne l'avait rencontrée dans sa robe virginale, sa robe de fiancée. Jusqu'alors la mort s'était montrée à ces soldats, violente ou passionnée, suppliante ou quelquefois théâtrale... Ils ignoraient la mort triomphante...

« Le corps du pauvre prêtre repose à la lisière de la forêt, loin de son troupeau, loin de son église regrettée, loin de ces enfants qu'il avait baptisés, loin de ce cimetière qu'il bénissait à chaque deuil, loin de cette cloche qui a été muette à son agonie.

« Un soldat recueillit le livre de prières de l'au-

mônier; on lisait sur le premier feuillet : l'abbé
Fère, curé de Saint-Vincent (1). »

*
* *

Plus glorieuse encore fut la mort de l'abbé Henri
Gros. Vicaire à Saint-Ambroise, il avait sollicité
et obtenu dès les premiers jours du siège la permission de donner les secours de son ministère
aux soldats de l'armée de Saint-Denis. Mais ce
poste n'était point assez périlleux pour lui. Il se
fit inscrire comme aumônier volontaire du 6ᵉ bataillon des mobiles de la Seine et pendant un mois
se dévoua à la noble mission qu'il s'était donnée.
Le jour du combat fut pour lui le jour de la victoire. Sur le plateau d'Avron, un obus le tua à
sa place de bataille, au milieu de ses chers mobiles
dont plusieurs étaient déjà tombés entre ses bras
et avaient reçu de lui le souverain pardon.

A sa place de bataille aussi fut tué sur la Loire
le brave abbé Fouqueray. Apprenant que l'aumônier des zouaves pontificaux avait été pris par
l'ennemi, il demanda l'honneur dangereux de le
remplacer, et quand le clairon sonna cette charge
célèbre qui ne devait avoir d'égale que la charge
de Patay, le prêtre prit le pas de course comme

(1) *L'Héroïsme en soutane*, p. 19.

les zouaves et avec eux gravit, sous la mitraille, les pentes du plateau d'Auvours.

Bientôt les rangs s'éclaircirent; les blessés tombaient nombreux. Comme s'il eût été sous les voûtes tranquilles de Sainte-Croix, l'abbé Fouqueray se penchait vers les mourants, recevait leur dernier aveu et les absolvait... Trois fois le bataillon s'élança, trois fois il fut repoussé. Mais enfin la position fut emportée et lorsqu'on releva les morts, on trouva, près d'un zouave, le prêtre frappé de trois balles. Comme l'abbé Gros, l'abbé Fouqueray avait été récompensé par Dieu.

*
* *

Parfois les aumôniers tombaient blessés seulement. Si peu qu'il leur restât de forces, ils oubliaient alors leurs blessures, pour consoler encore ceux que le feu de l'ennemi avait mis comme eux hors de combat.

Un capitaine de chasseurs a raconté ceci :

« Je venais d'être apporté à l'ambulance établie dans une grange. Le nombre des blessés augmentait de minute en minute, et les deux chirurgiens n'y pouvaient suffire; on les appelait de tous côtés, mais le tumulte était si grand que les gémissements se perdaient pour ainsi dire dans une immense clameur qui exprimait toutes les souffrances humaines. Deux artilleurs entrèrent portant un prêtre sur un brancard. Sa tête, entourée d'un mouchoir ensanglanté, son visage pâle, ses yeux fermés, ses lèvres entr'ouvertes et agitées indiquaient assez qu'il avait été atteint par un projectile.

« Les artilleurs déposèrent le prêtre sur la paille humide de l'ambulance et s'éloignèrent en silence.

« N'ayant qu'une balle dans l'épaule, je pouvais marcher sans trop de peine. J'allai donc vers ce prêtre qui portait sur la poitrine une croix de drap rouge sur fond blanc. Je soulevai sa tête, et, prenant de l'eau dans un bidon, je frictionnai ses joues.

« Il ne tarda pas à reprendre ses sens et porta la main à son front, promenant autour de lui des regards étonnés.

« J'appelai un des chirurgiens qui examina la blessure. Une balle avait contourné le crâne. Le pansement fut prompt. Pendant l'opération, l'aumônier priait les mains jointes.

« Après m'avoir remercié, il se leva et, s'appuyant sur une fourche abandonnée, il fit quelques pas. Je remarquai que la bande qui entourait sa tête rougissait peu à peu ; le sang coulait. Bientôt ce sang glissa comme des larmes sur le visage du prêtre ; j'avertis le chirurgien qui me répondit : « Ce n'est rien. »

« Le prêtre fit encore quelques pas, se dirigeant vers les blessés.

« J'allai reprendre ma place sur la paille sans perdre de vue ce prêtre qui, d'un moment à l'autre, pouvait tomber évanoui.

« Je le vis s'agenouiller près de ceux qui souf-
fraient le plus ; il leur prenait les mains et leur
parlait à voix basse. Les pauvres soldats blessés
le considéraient avec des yeux baignés de larmes.
Sa parole semblait les consoler tous.

« Parmi ces soldats, l'un avait la mâchoire brisée, et le bas du visage était entouré de ban-
dages. C'était un vieux dragon dont on ne voyait
que les yeux étincelants. Il écoutait les paroles
du prêtre avec une joie qu'exprimait son regard.
Voulant changer de position, le dragon souleva
sa main droite fendue par un coup de sabre. Il ne
l'avait pas montrée au chirurgien. Le sang s'était
figé et ne coulait plus de cette blessure couverte
de terre, mais l'effort que fit le cavalier ouvrit la
veine. Le prêtre appela par signe le chirurgien
qui revint sur ses pas. Pendant qu'il prenait dans
une boîte la compresse et la bande nécessaires au
pansement, le prêtre soutenait le bras du soldat ;
alors je vis tomber du front de l'aumônier deux
grosses larmes de sang ; elles glissèrent lentement
sur ses joues pâles et tombèrent sur la main du
dragon.

« Le sang du prêtre s'était mêlé au sang du
soldat. Ce qui se réalisait depuis longtemps dans
le monde idéal venait de s'accomplir dans le monde
matériel.

« Lorsque j'eus vu cette chose, je fermai les
yeux, et, sous ce toit de chaume, entouré de morts
et de mourants, incertain du lendemain, loin de

la famille et des amis, je me sentis saisi d'un frisson religieux. J'évoquai les pieux souvenirs de l'enfance chrétienne. Je revis ma mère, la sainte femme, nous enseignant la prière; je revis le vieux curé de mon village, montrant le catéchisme aux enfants; je revis mes beaux habits de la première communion; puis des nuages obscurcirent mes souvenirs. La jeunesse était venue, puis la caserne, puis la guerre, et l'âme s'était voilée...

« Le voile se déchirait dans cette grange lointaine. Ces gouttes de sang du prêtre et du soldat ouvraient pour moi tous les célestes horizons (1) ».

*
* *

Durant la bataille de Frœschwiller, une ambulance volante avait été établie dans l'église de ce petit village. Au moment où, agenouillé près d'un vieux zouave qu'on venait de déposer sur les dalles du sanctuaire recouvertes d'un peu de paille, l'abbé de Beuvron, aumônier du Val-de-Grâce, lui donnait les premiers soins, un projectile traversa la voûte et éclata devant l'autel. Le prêtre ne se détourna même pas. Mais quelques heures plus tard, les Prussiens s'emparèrent du village. Ivres de colère, ils se présentèrent au seuil de l'église, prêts peut-être aux derniers excès. L'abbé

(1) Général Ambert.

de Beuvron se précipita vers eux et, sans se laisser émouvoir à la vue d'un canon de fusil dirigé vers sa poitrine, il arrêta les Allemands. Puis, comme l'incendie allumé par les obus dévorait le clocher et menaçait de faire écrouler la voûte sur les blessés français, il les transporta tous jusqu'au dernier hors de l'église. Plus un seul d'entre eux ne se trouvait dans l'ambulance, quand la toiture s'effondra.

Pendant quatre jours, l'abbé de Beuvron assista les blessés, mouillant leurs lèvres altérées et pansant leurs plaies. Quelques biscuits trouvés dans les sacs de ceux qui avaient succombé, quelques lambeaux de chair arrachés aux chevaux abattus lui permirent d'empêcher la faim d'achever un grand nombre de ces malheureux. Oh! que de fois son nom fut béni par eux, que de fois il releva leur courage et essuya leurs larmes! Trop heureux s'il avait pu soulager toutes les misères et guérir toutes les douleurs!

« Le lendemain de la bataille, raconte-t-il lui-même, je fus témoin d'une scène atroce, où le génie prussien se manifestait tout entier. Dans l'après-midi, le pasteur protestant vint m'avertir que quinze malheureux paysans alsaciens allaient être fusillés pour avoir, disait-on, mutilé des soldats prussiens.

« Le ministre avait été solliciter leur grâce auprès du général; mais il n'avait rien pu obtenir, et il me priait d'aller faire à mon tour une nouvelle tentative en faveur de ces infortunés. Je partis sur-le-champ.

« Le général était au bivac ; il me reçut assez durement et me dit qu'il était inutile d'insister davantage, que les quinze coupables allaient être fusillés sans délai.

« — Mais au moins, général, ajoutai-je, je suis prêtre catholique, permettez-moi d'aller porter les secours de mon ministère à ceux qui appartiennent à mon Église.

« — Oh oui, monsieur, allez ; et il me donna un planton pour me conduire auprès des condamnés. Le trajet ne fut pas long. A quelques pas de là, dans le même champ, quinze paysans, parmi lesquels des enfants de quatorze ans et des vieillards de soixante ans, étaient attachés les mains derrière le dos à une grosse corde qui les maintenait tous sur une même ligne. Quand ils m'aperçurent, ils tombèrent tous à genoux en poussant des cris déchirants ; je ne savais pas l'allemand et nul d'entre eux ne comprenait le français... Je leur fis signe, en montrant le ciel, de mettre en Dieu toute leur confiance ; puis étendant la main, je prononçai sur eux les paroles de l'absolution. Je m'éloignai le cœur navré (1). »

_____

(1) Au dernier moment, cette exécution fut contremandée, s'il faut en croire des renseignements postérieurs.

*
* *

Les aumôniers militaires ne se contentèrent pas toujours de soigner les blessés et de leur prodiguer les secours de la religon. Il leur arrivait d'avoir un rôle plus actif au moment du combat.

A Buzenval, un bataillon hésitait. Tout à coup un prêtre s'élance et, une canne à là main, en guise de sabre : « Allons, mes amis, s'écrie-t-il, en avant et vive la France! » Quelques minutes après, ce prêtre recevait une balle dans le bras gauche. Les Prussiens avaient mal visé : la Commune visera mieux et elle abattra un jour ce brave dans le chemin de ronde d'une grande prison. Ce prêtre était l'abbé Allard.

Près de Sedan, les habitants d'un petit bourg se défendirent quelque temps contre les troupes prussiennes. C'était un vieillard à longs cheveux blancs, leur curé, qui, debout au milieu d'eux, les encourageait à la résistance et excitait leur courage. Il paya cher sa vaillance. L'ennemi, maître du village, fit comparaître le prêtre devant un conseil de guerre et il le condamna à mort.

— « Aux armes, les francs-tireurs, aux armes! » criait un autre jour le curé de Moigny, et, à la tête du bataillon, il se glisse dans des sentiers étroits, gagne un vallon et fait prendre aux Français les meilleures positions de combat. Les Prussiens arrivent, mais ils sont arrêtés par une fusillade bien nourrie. Le désordre se met dans leurs rangs et les francs-tireurs en profitent pour les charger à la baïonnette. Malheureusement, dans la mêlée, le curé reste aux mains des Allemands. On l'attache par les poignets, on le place entre deux cavaliers et on l'entraîne au galop loin du champ de bataille. Déjà son corps bondissait sur les pierres, laissant après lui une trainée de sang, quand ses liens se rompirent et rendirent la liberté au courageux prisonnier.

— « Général, l'ennemi est à vingt ou vingt-cinq kilomètres d'ici ; il ne sera pas sur vos talons avant demain matin. Votre troupe est fatiguée, elle peut donc se reposer, mais pas dans le village qui est dominé de tous côtés par des hauteurs. A trois kilomètres, en suivant la route, au sommet de cette petite côte, vous trouverez un plateau qui contourne la rivière et qui forme une presqu'île boisée. Vous y serez en sûreté. »

Et le bon curé, qui parlait ainsi à un de nos généraux prenait la tête de la colonne et la conduisait à l'endroit indiqué.

Puis il revint. Avec les quatre soldats qu'il avait demandés, il veilla toute la nuit, nuit longue et froide, en attendant les Prussiens. Quand ils se présentèrent aux portes du village, les soldats étaient déjà partis et avaient annoncé son approche. Seul, le prêtre restait. La colonne française était sauvée, mais le village n'avait plus de pasteur : les Prussiens l'avaient tué.

« Un chef de bataillon d'état-major de l'armée de Paris me disait qu'il n'oublierait jamais un spectacle dont il avait été témoin pendant la campagne et qui lui avait arraché des larmes d'admiration. Un bataillon, décimé par la mitraille, commençait à faiblir et allait battre en retraite, lorsque l'aumônier s'avance avec calme et en silence, se place au premier rang, et, tenant de la main gauche un soldat par le bras et de la main droite son crucifix, il conduit en avant d'un pas ferme et intrépide tout son bataillon.

« Nous avons eu souvent de pareilles scènes à l'armée de la Loire. Nous avons vu au Mans, le R. P. Doussot, ce fidèle compagnon des zouaves pontificaux, sauver le drapeau de sa légion et tomber ensuite entre les mains de l'ennemi qui l'abreuva d'outrages (1). »

« Nous sommes du Jura, soldats au 4ᵉ bataillon de chasseurs, racontèrent quelques évadés à un ancien sous-préfet, M. H. Blondeau. Faits prisonniers à la bataille de Mouzon, nous étions conduits, au nombre de cinquante-trois, par un peloton de cavaliers prussiens. Le quatrième jour nous arrivâmes dans un petit village de la Meuse, épuisés de fatigue aussi bien que nos conducteurs.

_____

(1) *Journal d'un aumônier militaire,* par l'abbé de Beuvron, 78.

« Les Prussiens, pour nous garder plus facilement, exigèrent du bon curé les clefs de l'église et nous y fûmes enfermés. Les portes, solidement barricadées et surveillées par des sentinelles, nous enlevaient tout espoir d'évasion.

« Le curé de la paroisse avait demandé aux Prussiens l'autorisation d'enlever le Saint Sacrement ; l'église était vieille, il y avait des chapelles du temps des seigneurs et des murailles percées de trous donnant sur l'autel, tout comme dans l'église de Pesmes (Jura) qui est proche de chez nous.

« Nous étions rangés de notre mieux sur les bancs et je crois que je dormais déjà, quand j'entendis sur le coup de minuit, une voix qui me dit : chasseur ! chasseur !

« Je me frotte les yeux, je regarde et j'aperçois la tête du curé qui sortait dans l'épaisseur du mur, par un trou carré que j'avais pris pour un placard à mettre les burettes.

« — Voulez-vous vous sauver des Prussiens ? nous dit le curé.

« — Certes, je le crois bien ! Par où passe-t-on ?

« — Ici ; réveillez vos camarades, laissez brûler les cierges que j'ai allumés exprès et surtout pas de bruit, car les Prussiens sont tout près.

« Chacun fut bientôt sur pied. Nous voilà l'un après l'autre, rampant dans l'ouverture de la muraille. Cette ouverture donnait sur une ancienne chapelle, où l'on déposait le matériel de l'église. Il y avait un vieux lutrin, des catafalques, des chandeliers noirs et tout l'attirail des morts. La fenêtre, qui n'avait point de barreaux, était assez élevée, mais le curé y avait placé une échelle pour descendre dans le jardin du presbytère, que chacun traversa, tenant ses souliers à la main. Une petite porte nous donna bientôt sortie sur la campagne et le curé nous dit :

« — Etes-vous tous là ?

« — Oui, mon prêtre, répondit un sergent.

« — Eh bien, mes amis, mettez vos souliers et détalons.

« Nous suivions le bon curé sans rien dire et nous ne sentions plus de fatigue, le sentiment de la liberté nous donnant des ailes. Nous avions déjà marché pendant deux heures, lorsque le curé nous dit : « Mes enfants, vous voilà hors de danger du côté de vos gardiens ; vous allez, dès que le petit jour paraîtra, apercevoir trois villages où il n'y a pas de Prussiens ; vous vous séparerez, vous tâcherez d'y trouver des habits, et maintenant bon voyage et que le bon Dieu vous conduise.

« — Mais vous, Monsieur le curé, qu'allez-vous devenir ? Les Prussiens seront furieux ; s'ils vous trouvent, ils vous fusilleront.

« — Ils ne me trouveront pas, car je ne peux pas rentrer.

« — Mais ils brûleront votre cure, votre église !

« — Est-ce que la liberté de cinquante-trois

braves soldats comme vous ne mérite pas que j'aie risqué ma cure et mon église?

« Nous étions attendris, nous pleurions; le curé nous a tous embrassés, et nous sommes partis !

« Oh ! le brave homme! et dire que des gredins accusent les curés d'avoir amené la guerre et les Prussiens !

« Qu'on aille le demander au 4ᵉ bataillon de chasseurs ! »

*
* *

Tant de dévouement à la France fut payé par bien du sang.

Tout près de Reims, sur une croix tumulaire, on lit ces mots :

« *Ici repose l'abbé Ch. Miroy, mort victime de son patriotisme.* »

Celui qui dort sous la pierre était jeune encore. Après avoir fait périr son père et sa mère dans les flammes, les Prussiens le fusillèrent pour avoir trop aimé la France. Cela s'appelait dans le code tudesque « *crime de trahison envers les troupes de Sa Majesté.* »

C'est pour le même motif qu'ils se saisirent un jour d'un vieillard de quatre-vingts ans, l'abbé Cor, curé dans les Ardennes. Il avait, disaient-ils, favorisé la marche des armées françaises et arrêté celle des Prussiens. On le lia à la queue d'un cheval et on le traîna ainsi sur la grande route. L'infortuné vieillard ne fut bientôt plus qu'une plaie. Ses vêtements étaient déchirés, ses mains, son visage couverts de sang. Il fit horreur à ses bourreaux eux-mêmes, qui l'abandonnèrent dans un fossé. Encore un traître sans doute aux yeux de certaines gens !

Traître aussi, l'abbé Frérot, percé de deux coups de baïonnette, au moment où il donnait les secours de la religion à des mourants !

Traîtres les abbés Miller et Jacobs qui s'exposèrent à la mort plutôt que d'obéir aux ordres insolents de quelques officiers prussiens.

Traître l'abbé Le Goavec, aumônier de la garde mobilisée du Finistère, qui fut tué sur le champ de bataille en soignant les blessés !

Traîtres, l'abbé Valter, curé de Valmont, l'abbé Wurtz, l'abbé Ravaud, l'abbé Hées, qui tous roulèrent sur la terre ensanglantée, après avoir été fusillés par les Prussiens. Traître encore le curé de Bue, près de Belfort, qui, ayant refusé de découvrir au général Prescow la direction prise par notre armée, fut frappé, insulté, conduit la corde au cou jusqu'au pied d'un chêne pour y être pendu et ne dut la vie qu'à son magnanime courage ! Traître enfin ce curé inconnu dont le général Ambert a raconté ainsi l'héroïque histoire :

* * *

« Un terrible combat se livrait à quelques lieues du village des Horties ; le bruit arrivait confus, faisant tressaillir tout ce qui vivait. L'air était déchiré par la mitraille, le canon réveillait les échos et, dans le lointain, on apercevait les noirs tourbillons de la poudre.

« Le curé était à l'autel priant pour la patrie. Autour de lui, le front courbé, pâle de terreur, les villageois suppliaient Dieu de les protéger.

« Le bruit des clairons et des trompettes se fit entendre ; de sombres fantômes apparurent dans la vallée, courant à la bataille. Leur nombre était grand et ils précipitaient le pas pour arriver à temps.

« Les Allemands voulaient avoir leur part de proie, ils apportaient le fer et le bronze pour écraser les Français. Leurs soldats n'étaient que trois contre un, il fallait être plus nombreux encore.

« Avant d'entrer dans le cercle enflammé, ils réunirent toutes leurs forces et firent une halte au carrefour des Châtaigniers. Un cercle de sentinelles protégeait leur repos qui devait être de courte durée.

« Quelque rapprochées que fussent ces sentinelles mobiles, leur surveillance ne put empêcher deux jeunes gens de se glisser de buisson en

buisson, de s'approcher doucement et de tirer sur
les Prussiens. Quatre coups de feu se firent entendre
et l'on vit les deux enfants bondir comme des
chevreuils et se précipiter dans un champ de blé.
Vingt balles sifflèrent à leurs oreilles, mais on ne
trouva sur la terre aucune goutte de sang ; plusieurs
fois, dans leur course, les deux tireurs avaient été
vus. Ils étaient fort jeunes, alertes et audacieux.
Nous devons ajouter qu'ils tiraient habilement, car
trois Prussiens roulaient à terre atteints en pleine
poitrine. La quatrième balle couronnait l'aigle à
deux têtes qui ornait la plaque d'un casque d'officier.

« — Fusils de chasse à deux coups, disait cet
officier.

« On vit alors un détachement de soldats allemands se diriger vers le village. En y entrant, ils
s'emparèrent de six habitants, les premiers venus,
et les conduisirent chez le maire. Le chef du détachement dit à ce fonctionnaire : « Vous êtes ici la
première autorité, je viens donc, au nom de mon
auguste souverain, vous dire que des coups de feu
ont été tirés sur les soldats de Sa Majesté, près de
votre village. Étant les plus rapprochés du théâtre
du crime, vous êtes responsables. Il faut nous
livrer les coupables, ou bien six habitants seront
fusillés pour l'exemple. Hâtez-vous de faire les
désignations, j'attendrai jusqu'à demain à onze
heures. L'exécution devant avoir lieu à midi, vous
n'avez pas de temps à perdre ; en attendant, votre

village est occupé militairement et je garde les six prisonniers. »

« On ne saurait peindre la désolation des pauvres gens du village. Les femmes poussaient des cris lamentables, les hommes cherchaient à fuir, mais les Allemands faisaient bonne garde. Les habitants se réunirent et il fut convenu, au milieu des sanglots, que le sort désignerait les victimes.

« Ceux qui avaient fait feu sur les Allemands n'appartenaient point à la commune ; ils venaient de loin et suivaient la colonne prussienne pour choisir le moment favorable à la vengeance. Peut-être leur père était-il assassiné, leur mère morte de douleur, leur maison incendiée !

« La journée se passa en discussions, en gémissements, en désespoirs.

« Le maire, le curé, M. Gerd et deux vieillards plus qu'octogénaires supplièrent vainement l'officier prussien de pardonner ; on lui prouva que les habitants étaient étrangers à cette *trahison;* les femmes vinrent pleurer à ses pieds. Tout fut inutile. Le capitaine faisait exécuter sa consigne avec une bienveillante raideur, une froide politesse, mais sans colère et sans injures.

« Les six malheureux que le sort avait désignés furent livrés à cinq heures du soir et enfermés dans la salle d'école au rez-de-chaussée de la mairie.

« L'officier prussien autorisa le curé à porter à ces hommes les consolations de la religion. Ils avaient les mains attachées derrière le dos. Une même corde leur liait les jambes.

« Le prêtre trouva ces hommes dans un tel état de prostration qu'ils comprenaient à peine ses paroles. Deux d'entre eux semblaient évanouis, un autre était en proie au délire de la fièvre. A l'extrémité de la corde, la tête haute et le front calme en apparence, se trouvait un homme de quarante ans, veuf et père de cinq enfants en bas âge, dont il était l'unique soutien.

« Il sembla d'abord écouter avec résignation les paroles du prêtre, mais saisi par le désespoir, il se laissa bientôt aller aux plus abominables imprécations. Il maudissait la nature entière. Passant du désespoir à l'attendrissement, il pleurait sur ses enfants, voués à la mendicité, à la mort peut-être. Alors, il voulait que ces cinq enfants fussent avec lui, livrés aux Prussiens ; saisi d'un rire satanique, il s'écriait : « Oui, c'est le petit Bernard, âgé de trois ans, qui a tiré sur ces gredins. »

« Tous les efforts du prêtre furent inutiles pour ramener la paix dans cette âme brisée. Le curé sortit et marcha lentement vers le corps de garde où se tenait l'officier. Celui-ci fumait dans une grande pipe de faïence. Il écouta le curé, sans l'interrompre, laissant échapper de ses lèvres, ces légers tourbillons que le soleil colore.

« — Monsieur le capitaine, dit le curé, on vous a livré six otages qui, dans quelques heures, seront fusillés. Aucun d'eux n'a tiré sur votre troupe. Les coupables s'étant échappés, votre but n'est pas de punir ceux qui ont attaqué, mais bien de faire un exemple pour les habitants des autres localités. Peu vous importe donc de fusiller Pierre ou Paul, Jacques ou Jean. Je dirai même que plus la victime sera connue, plus l'exemple sera salutaire. Je viens, en conséquence, vous demander la faveur de prendre la place d'un pauvre père de famille dont la mort plongera dans la misère cinq petits enfants. Lui et moi sommes innocents; mais ma mort vous sera plus profitable que la sienne.

« — Soit, dit l'officier.

« Quatre soldats conduisirent le curé dans la prison; il fut garrotté avec les autres victimes.

« Le paysan, père des cinq enfants, embrassa son curé et rentra dans sa demeure, félicité par tous.

« Nous ne chercherons pas à peindre les angoisses de la nuit. Lorsque le jour parut, le curé avait ranimé le courage de ses compagnons d'infortune. Ces misérables, abrutis par la peur, étaient devenus, à la voix du prêtre, de glorieux martyrs que soutenaient la foi du chrétien et l'espérance d'une vie meilleure.

« A onze heures, une escorte attendait à la porte, et les prisonniers se mirent en marche. Le curé était en tête, récitant à haute voix l'office des morts. Sur le chemin, les villageois agenouillés jetaient un dernier regard sur leur pasteur.

« On approchait du lieu choisi pour l'exécution,

lorsqu'un major prussien qui passait par hasard avec une ordonnance s'arrêta.

« La vue du prêtre fixa son attention. Le capitaine lui expliqua la chose, qui parut au major moins naturelle qu'à son subordonné. Le major fit suspendre l'exécution et adressa un rapport au général. Celui-ci fit comparaître le curé.

« L'explication fut courte. Le général était un homme de cœur qui comprit tout. Il dit au curé : « Monsieur, je ne puis faire une exception en votre faveur, et cependant je ne veux pas votre mort. Allez, et dites à vos paroissiens qu'à cause de vous, je leur fais grâce à tous. Que ce soit la première et la dernière fois. »

*
* *

Lorsque le curé fut parti, le général prussien dit aux officiers témoins de cette scène : « Si tous les Français avaient le cœur de ce simple prêtre, nous ne resterions pas longtemps de ce côté du Rhin ! »

C'est ce que répéta plus tard, dans une circonstance solennelle, le prince Frédéric-Charles, et ce qui nous fait poser, sans aucune crainte, à tout homme de bonne foi, la question que M. Edouard Laboulaye posait un jour à l'Assemblée nationale au milieu des applaudissements de tous : « Est-ce que pendant la guerre les prêtres ont été moins patriotes que les soldats (1) ? »

(1) 5 juin 1875.

ll

Le clergé régulier

Qui ne se souvient des persécutions qu'eut à subir, après le 4 septembre, le clergé régulier ? Traqués de toutes parts dans certaines villes, emprisonnés dans d'autres, expulsés même du territoire français par un dictateur qui tyrannisait une de nos grandes cités, les religieux se voyaient partout abreuvés de mauvais traitements et d'injures. Parmi toutes les calomnies qu'on leur jetait au visage pour les déshonorer dans l'opinion publique, aucune ne revenait aussi souvent que celle qui les représentait comme des citoyens sans patriotisme et sans courage. C'était le thème favori, celui qu'on reprenait sans cesse, le reproche dont on les accablait à chaque instant. Nul pourtant n'était moins mérité.

Durant toute la guerre, les religieux rivalisèrent de zèle et de dévouement avec leurs frères du clergé séculier.

Ressources, maisons, bras, vie même, ils mirent tout au service des malheureux blessés. Le collège des Barnabites de Gien, celui des Oblats de Saint-Hilaire de Poitiers, ceux des Dominicains à Arcueil, des prêtres du Sacré-Cœur à Toulouse, des Pères du Sacré-Cœur à Issoudun, des Pères de Picpus à Poitiers, des Eudistes à Redòn, à Besançon, à Valognes, pour n'en nommer que quelques-uns, s'ouvrirent devant les victimes de la guerre et furent les témoins d'incessants prodiges de dévoue-ment. Plus de trois cents soldats furent soignés à Valognes et douze cents blessés ou malades éprou-vèrent les effets de la charité religieuse dans le seul collège des Barnabites de Gien. Ces chiffres feront aisément deviner le nombre des malheureux dont les souffrances furent soulagées par les mem-bres du clergé régulier : à Paris, on en a dressé la longue liste et on en a compté jusqu'à quinze mille ! Quinze mille infortunés qui, pour le plus grand nombre, seraient morts aujourd'hui, si les ordres religieux n'avaient été là pour les disputer au tombeau !

Pendant que leurs frères s'employaient auprès des blessés dans les collèges transformés en am-bulances, un bon nombre de religieux avaient quitté leurs cellules et suivaient les bataillons sur lá Loire ou dans l'Est pour assister les mourants jusque sous le feu de l'ennemi.

Dix-neuf de ces intrépides volontaires quittèrent ainsi la maison des Eudistes de Redon pour se

2.

disséminer dans divers corps d'armée. Quand la paix fut signée, on ne les revit pas tous. Cinq étaient morts et reposaient parmi les soldats qu'ils avaient consolés à leurs derniers moments. L'un d'eux, le P. Gelon, franc Breton dont nous voyons encore la figure rude et souriante à la fois, avait été frappé au milieu des mobiles de la Manche qu'il avait si souvent égayés de ses spirituelles reparties, durant les pénibles marches d'une campagne d'hiver. L'abbé de la Trappe des Dombes fut atteint de la petite vérole en soignant les soldats et expira heureux de donner sa vie pour la France. Le P. de Layre succomba de fatigue. Le P. Dargand, de l'Oratoire, mourut des suites de la guerre. Deux de ses confrères de Juilly revinrent épuisés. Mais pourquoi essayer de nommer ici tous ceux qui payèrent du sacrifice de leurs jours leur dévouement à la patrie ! Qu'il nous suffise de dire que des Pères du Sacré-Cœur de Toulouse, des Prêtres de Picpus, des Maristes de Redon et de Chavagnes, des Dominicains, des Barnabites, des Capucins, des Cisterciens, des Chartreux, des Prémontrés, des Carmes, des Trappistes parurent sur les champs de bataille et que tous affrontèrent la mort, sans forfanterie, mais sans crainte aussi, dès qu'ils pouvaient être utiles.

Plusieurs furent renversés par les balles ennemies à côté même des combattants. Le 29 novembre, le P. Mercier, Dominicain, reçut quatre coups de feu au combat de Villers-Bretonneux, où il avait, dit le général Faidherbe, fait preuve d'un courage remarquable. Il fut décoré, ainsi que le P. Jouin, autre Dominicain attaché à l'armée du Nord. Le P. Chavagne, Mariste, aumônier des mobiles du Puy-de-Dôme, fut aussi nommé chevalier de la Légion d'honneur pour action d'éclat. Son confrère, le P. Chaboissier, reçut la médaille militaire. Le P. Briant, des Oblats de Saint-Hilaire de Niort, sauva une partie du bataillon auquel il était attaché, à l'affaire de Fréteval, et fut publiquement complimenté devant les troupes pour cet acte de courage. Les Dominicains d'Arcueil furent même signalés dans le rapport de l'état-major général allemand pour être allés relever des blessés jusque dans les lignes prussiennes aux combats de l'Hay et de Châtillon. Le drapeau blanc qui leur servait alors est encore conservé au collège, troué de balles et tout noir de poudre. Glorieux trophée qui, à chaque instant prêche aux élèves l'amour de la France et le dévouement à la défense du pays.

*
* *

Lorsque, après les capitulations de Strasbourg, de Sedan et de Metz, nos régiments furent envoyés en captivité, c'est à l'ingénieuse charité de quelques religieux qu'ils durent les adoucissements apportés à leur malheureux sort.

Le P. Joseph, barnabite nommé plus tard chevalier de la Légion d'honneur, était aumônier à Strasbourg. Après la reddition de la place, il demanda comme une insigne faveur la permission de suivre nos soldats en Allemagne. On la lui accorda. Depuis ce moment jusqu'à la signature de la paix, il se dévoua au service des prisonniers. Pendant les longues marches durant lesquelles, d'après ce qu'il raconte, « les soldats badois qui conduisaient en exil les héroïques défenseurs de la place les frappaient du plat de leur sabre en disant : « Vous n'êtes plus des hommes, c'est à peine si nous vous considérons comme des chiens », il relevait les courages et ranimait les cœurs. Arrivé à l'étape, il allait mendier un peu de pain pour les prisonniers qui souvent en manquaient. Puis, lorsqu'il fut interné à Ulm, il sollicita de tous côtés l'envoi d'argent, de vivres, de vêtements. Sous le patronage de la charité chrétienne, des comités se formèrent pour venir en aide aux captifs des forteresses allemandes. La plupart des secours furent distribués par les aumôniers, qui, seuls, étaient en rapport avec les troupes, car les officiers français avaient dû s'engager par écrit à ne pas communiquer avec elles. Ce fut donc le prêtre qui parut en consolateur dans les casemates et qui dut guérir les plaies douloureuses de nos armées. Le P. Joseph recueillit et distribua à lui seul plus de 150,000 francs.

Il y avait un autre danger à prévoir et à écarter : l'ennui. Les prisonniers étaient presque tous dans le désœuvrement le plus complet. A peine quelques-uns avaient-ils obtenu des généraux prussiens la permission d'exercer leur métier en ville. Les autres étaient parqués dans les forts comme un troupeau de bétail. Pour y tuer le temps, les artistes y sculptaient des cannes, des boutons, des boucles d'oreilles ; mais les artistes étaient rares et la plupart des captifs dépérissaient d'ennui. Afin d'obvier à ce péril, le P. Joseph fit venir de France dix mille volumes et en constitua une bibliothèque à l'usage des prisonniers.

En même temps il posait les premiers jalons de l'*Œuvre des Tombes*, cette œuvre si éminemment française qui a pour but l'entretien des sépultures de nos soldats morts en Suisse, en Belgique et en Allemagne (1). Comme on le voit, il ne quittait le prisonnier qu'au dernier moment, et jusque dans le cercueil il avait encore soin de lui.

*
* *

Avec le R. P. Joseph, se dévouèrent bien d'autres religieux. Le plus connu de tous, le R. P. Her-

(1) Dans un rapport paru dernièrement au *Journal officiel*, le ministre de l'intérieur, rendant compte au président de la République de ce qu'il avait fait pour conserver les tombeaux des militaires morts pendant la dernière guerre, a loué le zèle patriotique déployé par l'œuvre dont nous parlons.

mann, carme, mourut à Spandau, en soignant les
varioleux. Le P. Bailly, de l'Assomption, le
P. Strub, le P. franciscain Marie de Brest, le
P. Léveillé, Dominicain, accomplirent notamment
des prodiges de dévouement, mais aucun ordre ne
fournit autant d'aumôniers que la Compagnie de
Jésus.

A peine la guerre était-elle déclarée, que de
tous côtés les Jésuites demandèrent à être adjoints
à nos soldats en qualité d'aumôniers : « S'il est
permis aux enfants de la Compagnie de Jésus de
suivre l'armée, écrivait l'un d'eux à son supérieur,
je vous supplie de me mettre au nombre des
heureux... Je ne connais pas de plus belle mort
que celle du P. Gloriot, donnant sa vie à Constan-
tinople pour nos soldats malades. »

« Eh bien, pris au mot, répondait le R. P. de
Ponlevoy au P. de Bengy. Après des démarches
inutiles pour obtenir une place au feu, on nous
demande pour une ambulance ; venez de suite, rue
de Sèvres, sans armes et avec bagages, pour
partir au premier signe ; vous aurez un second avec
vous. »

Soixante religieux furent choisis ; cent autres
durent se résigner à n'affronter les balles que
lorsqu'ils iraient sur les champs de bataille relever
les blessés. Quant à ceux qui restaient, ils desservirent les ambulances que l'on établit dans les
collèges de Vaugirard, de Sainte-Geneviève, d'A-
miens, de Poitiers, de Dôle, de Bordeaux, de

Mongré, de Saint-Etienne, du Mans, de Laval et dans un certain nombre d'autres maisons.

Au feu, les Jésuites se montrèrent les dignes fils de l'héroïque défenseur de Pampelune.

Un jour, une brigade de l'armée du Nord suivait la grande route de Saint-Quentin. Tout à coup, lorsqu'on est parvenu, au sortir d'un bois, près d'un village nommé Beauvois, deux batteries prussiennes sont démasquées et la mitraille pleut dans les rangs. On essaye pour répondre à l'artillerie ennemie de mettre quelques pièces en batterie, mais elles sont immédiatement démontées et leurs servants sont en un clin d'œil hors de combat. Impossible de tenir. On déploie alors une ligne de tirailleurs et on les jette en avant. Mais bientôt les hommes tombent et la place est tellement balayée par les boulets prussiens que personne n'ose aller jusqu'à eux. Seul, l'aumônier s'élance et parvient à leur porter secours. Cet aumônier était jésuite et il se souvenait qu'il avait pour père un saint qui avait été brave soldat.

A Saint-Quentin, ce même religieux était au milieu des troupes, quand la bataille commença. Aussitôt il songe à organiser une ambulance, avise un grand hangar, et, pendant que sur ses ordres on jette une couche de paille sur la terre nue, il va arborer le drapeau blanc sur la toiture que rasaient les boulets. Puis, il court au feu et en rapporte le général du Bessol qu'un éclat d'obus venait de renverser de cheval. Toute la journée, il alla de l'ambulance improvisée parmi les combattants, et il ne se retira qu'à la nuit noire, lorsque la retraite eut sonné.

A Villers-Bretonneux, une compagnie était placée en tirailleurs dans des retranchements de campagne. Tous les soldats étaient dans la tranchée. Sur le talus, les Prussiens purent voir se promener deux hommes seulement : un des officiers de la compagnie et le P. S., jésuite.

Le P. Arnold trouva la mort à Laon, où il sauta avec la citadelle.

Les PP. Ch. de Damas et de Renéville furent blessés à Belfort, pendant qu'ils assistaient les soldats aux avant-postes. Le jour de Noël, à la messe de minuit, la garnison, réunie devant le Dieu des armées, put voir l'un de ses aumôniers qui, blessé à la jambe, montait à l'autel soutenu par deux soldats.

« Le P. Vautier, de la Compagnie de Jésus, écrivait quelques jours après l'armistice un officier de l'armée du Nord, est resté pendant toute la bataille de Pont-Noyelles près d'une batterie d'artillerie. Un moment les artilleurs étaient sur le point d'abandonner la position, il les encouragea si bien qu'ils redoublèrent d'énergie et de sang-froid, rectifièrent leur tir et obligèrent l'ennemi à battre en retraite. »

Sous Orléans, le P. de Rochemonteix soulevait un blessé pour le porter à l'ambulance, quand un cavalier fond sur lui et d'un coup de sabre le renverse. Il est fait prisonnier, mais il s'évade et réussit, quoique à bout de forces, à rentrer dans la ville. Huit jours après, il est debout et il court au Mans soigner les varioleux. C'est un nouveau champ de bataille et il y tombe blessé encore, car au bout de quelques semaines il est atteint par la terrible maladie.

*
* *

En arrivant au Mans, le P. de Rochemonteix avait trouvé le collège de Sainte-Croix transformé en ambulance. Ce collège venait à peine d'être fondé. La maison où les Jésuites l'avaient installé, avait été vendue par justice. C'est dire qu'il n'y restait plus rien : pas un lit, pas une chaise. Sans ressource, sans moyens de s'en procurer, qu'auraient fait des hommes qui n'eussent pas été religieux?... Voici ce que firent les Jésuites.

Ils arrivèrent douze ou quinze absolument étrangers à la ville, inconnus de tous, et s'installèrent au collège vers la fin du mois d'août. Trois mois après, 170 blessés étaient soignés au collège et, à la fin de la guerre, 1265 y avaient été guéris, 60 seulement y étaient morts entourés de tous les soins.

Au moment où les trois corps d'armée du général Chanzy se concentraient dans la ville, à la veille de la bataille du Mans, la petite vérole éclata avec fureur dans cette immense agglomération d'hommes harassés et prédisposés par la fatigue à toutes les maladies. L'évêque du Mans écrivit au recteur de Sainte-Croix : « Il y a 1,750 varioleux dans la caserne de la Mission, 350 au nouveau théâtre, je vous les confie, mon Père. »

Le Père Recteur fit immédiatement part de cette nouvelle à son Provincial, et, le soir même de la bataille, un roulier portait cette lettre à son adresse, après avoir traversé les lignes prussiennes.

Trois jours plus tard, le Provincial répondait : « Pour un pareil service, nous ne manquerons jamais de monde, dites-le bien à Sa Grandeur. Qu'elle ne craigne donc pas de nous en demander. Employez tous ceux de votre maison ; je vous envoie de plus quatre nouveaux Pères : s'ils meurent d'autres les remplaceront. »

Le service fut bientôt organisé.

Dans les immenses salles de la caserne de la Mission, en plein hiver et quel hiver ! 1,700 hommes étaient étendus sur un peu de paille. Pas un oreiller, pas un matelas ; une couverture de campement, voilà tout ce qu'ils avaient pour réchauffer leurs membres. Au milieu de chaque salle, une table de bois blanc : sur cette table, un grand vase où quelques fleurs de tilleul nageaient dans de l'eau froide, puis quelques infirmiers militaires improvisés, voilà le service médical. Certes, les médecins de la ville avaient poussé le dévouement jusqu'aux dernières limites, mais les limites du possible, ils ne pouvaient les dépasser. C'était donc le spectacle de la désolation qu'offraient ces vastes salles. Mais chaque matin des hommes venaient, qui se couchaient dans la paille auprès des mourants, approchaient d'eux pour leur parler et les consoler, et leur laissaient, sinon l'espoir de guérir, au moins la certitude d'être un jour récompensés par Dieu. Ces hommes, c'étaient les Jésuites de Sainte-Croix. Quand ils rentraient au collège, ils le trouvaient rempli lui aussi de varioleux, auxquels on avait consacré tout un côté de la maison, et ils ne leur marchandaient pas les restes de leurs forces épuisées. Aussi, après quelques semaines, quatre religieux étaient à leur tour frappés par le fléau et deux d'entre eux allaient aux portes de la mort.

Un matin, deux Pères arrivèrent à Sainte-Croix. Ils s'approchèrent du lit où le supérieur était retenu par la maladie. Il les bénit, et ils allèrent à la caserne de la mission remplacer ceux de leurs frères que la petite vérole avait terrassés.

En même temps qu'un certain nombre de Jésuites soignaient les malades et mouraient près d'eux, d'autres s'employaient auprès des soldats, dont 22,000 trouvèrent sous ce toit hospitalier, non seulement l'abri pour le corps, mais encore la force pour l'âme. C'est là que le bataillon des zouaves, qui allait immortaliser la plaine de Loigny et le village de Patay, vint se former, et le général de Charette qui y arriva de Rome avec 360 hommes et en sortit avec 3,000, peut dire si les Jésuites

l'ont bien accueilli! Les mobiles du Gard, de
l'Isère, de la Corrèze, pourraient rendre un témoignage analogue. Si ces derniers conservèrent leur
drapeau, à qui le doivent-ils? Au milieu de la fuite,
un Jésuite le reçut, détaché de sa hampe, le cacha
quelques jours entre sa soutane et sa poitrine, et
ne s'en dessaisit que lorsque l'aumônier des mobiles, traversant les lignes ennemies, vint le lui rede-
mander.

Six mois durant, telle fut la vie des Jésuites à
Sainte-Croix. Les classes se faisaient dans des
chambres hautes. Il n'y avait pas de feu dans ces
chambres, et souvent même on se demanda si on
aurait du pain le lendemain. Mais les blessés ne
manquèrent jamais de rien, et quand, la nuit, il
en arrivait de longs convois, les Jésuites cédaient
leurs lits et se couchaient dans une toile de tente.
C'est pour cela sans doute qu'à Dôle, à Lyon, à
Marseille, à Paris, on les pillait et on les empri-
sonnait. Au Mans même, avant que la paix fût
signée, des listes de proscription couraient sous le
manteau. Le premier qui s'y trouvait inscrit était
le Recteur des Jésuites.

*
* *

Une autre maison, qui, avait longtemps servi
de cible aux attaques passionnées d'une certaine

presse, Saint-Acheul, avait aussi reçu des blessés dès les premiers jours de la guerre. Les soldats y furent entourés des mêmes soins empressés que leurs camarades avaient trouvés au Mans. Parmi eux se trouvait un caporal du 3ᵉ zouaves, qui, le cou perforé par une balle ne pouvait ni parler, ni manger. Plusieurs hémorragies avait été fort heureusement arrêtées par le frère infirmier, quand l'artère du cou vint à s'ouvrir encore. C'était pendant la visite du médecin. Au lieu de se servir de perchlorure de fer, le docteur introduisit dans la plaie un instrument qui saisissait l'artère à l'intérieur et la comprimait à l'extérieur, comme l'eût fait une pince. Malheureusement l'instrument fut déplacé par un mouvement du malade et le sang se remit à couler à flots. Le docteur opère alors la compression avec la main et tient pendant quelque temps l'artère serrée entre ses doigts. Il appelle ensuite un jeune Jésuite et lui donne sa place. Pendant une heure le religieux fit ce qu'avait fait le docteur, puis il fut remplacé à son tour et, pendant quatre ou cinq heures, les Jésuites se succédèrent ainsi auprès du blessé. Qu'on se figure ces jeunes gens, qui, pour la première fois de leur vie sans doute, voyaient de si près la terrible lutte que se livrent la vie et la mort dans l'homme, se tenant immobiles, pliés en deux, courbés sur le blessé, l'index de la main droite comprimant fortement le cou, l'index de la main gauche plongé dans le trou qu'avait fait la balle et serrant l'artère à travers cette bouche où ne restait plus qu'un morceau de langue et que remplissaient d'épais caillots de sang! Comme le dégoût dut les envahir souvent! mais la charité et le devoir parlaient, ils obéirent, et le blessé, grâce à eux, fut sauvé!

Le dévouement des Pères fut bientôt connu dans toute la ville. « Vous êtes blessé, disait un ouvrier à un soldat frappé sous les murs d'Amiens, allez à Saint-Acheul, c'est là que vous serez le mieux. »

Comment les blessés ne se seraient-ils pas trouvés fort bien à Saint-Acheul? On vient de voir les soins qu'ils recevaient aussi longtemps qu'ils demeuraient dans les salles. Quand ils entraient en convalescence, on s'ingéniait pour trouver le moyen de les distraire. On mettait à leur disposition des jeux de toute sorte, des livres, on fit même la classe à ceux qui le demandèrent et on organisa, au premier de l'an, une loterie exceptionnelle où il n'y eut que des gagnants.

Aussi ces braves étaient-ils enchantés. Un bon montagnard de la Savoie pleurait, en quittant Saint-Acheul : « *Que ça me fait de mal de partir !* » disait-il dans son langage naïf. Un caporal, qui passait par Bordeaux pour rejoindre son régiment alla remercier les Jésuites de Tivoli des soins que lui avaient donnés les Jésuites de Saint-Acheul. « Adieu, mon Père, disait en s'éloignant un enfant du désert, soldat aux tirailleurs indigènes, tu prieras pour moi, n'est-ce pas? »

Les Prussiens eux-mêmes furent touchés du

dévouement de ces Jésuites que le protestantisme leur avait dépeints sous de si noires couleurs. « Quelle heure est-il, demandait l'un d'eux à un Frère, dans la nuit du 31 décembre au 1ᵉʳ janvier. — Minuit et demi. — Eh bien, bonne année, mon Frère, et que la paix se fasse enfin entre la France et la Prusse ! »

*
**

A Paris, les trois maisons de la Compagnie de Jésus furent converties en ambulance.

« Dès le début, racontait un journal du temps, les Jésuites ont reçu 25 blessés dans leur résidence de la rue de Sèvres, 300 dans leur école de la rue Lhomond, 400 dans leur établissement de Vaugirard... Ils mettent de plus un certain nombre de chambres à la disposition des officiers. Ainsi le supérieur de Vaugirard a offert à l'intendance militaire une ambulance ainsi organisée : — 1º 200 lits dans une salle immense qui réunit toutes les conditions désirables d'aération et de lumière. — 2º 15 chambres pour messieurs les officiers. L'établissement possède en outre une pharmacie complète pour les cas ordinaires, un approvisionnement suffisant de linges, bandes et charpie... Le supérieur se charge de tous les frais, heureux de payer ainsi, en son nom et au nom de tous ses collaborateurs, sa dette à la patrie si cruellement éprouvée. »

C'était le P. Alexis Clerc, ancien lieutenant de vaisseau, qui dirigeait l'ambulance de Vaugirard. « Il en profita, dit son historien (1), pour se faire le serviteur de tous et pour avoir sa bonne part des besognes les plus rudes et les plus mortifiantes...

« Voici quel était régulièrement l'emploi de ses journées. A cinq heures et demie, il montait à l'autel, célébrait le saint sacrifice de la messe et... descendait à l'ambulance... D'abord il visitait les plus souffrants, les consolait, leur distribuait de petites douceurs, leur rendait en un mot tous les services que peut suggérer la charité la plus tendre. Puis il poursuivait sa visite de lit en lit, disant à chacun un petit bonjour, s'informant des besoins du corps et parfois aussi de ceux de l'âme, toujours prêt à satisfaire aux uns et aux autres.

« L'heure du repas arrivée, il récitait le *bénédicité*, auquel répondaient les pauvres blessés. Alors il prenait un tablier, se joignait aux servants, distribuait les légumes, la soupe, etc...; puis, comme une tendre mère eût fait pour son enfant, il aidait à manger ceux que leurs blessures privaient de l'usage de leurs membres...

« L'après-midi était la répétition de la matinée, et ce train de vie se renouvelait tous les jours, à

_____

(1) *Alexis Clerc*, par le R. P. Daniel, p. 490, 491.

moins que, par suite de quelque engagement, le
Père ne jugeât sa présence plus utile au dehors
qu'à l'ambulance. Alors il allait administrer les
mourants sur le théâtre même de l'action et relever les blessés qu'attendait l'omnibus du collège. On le vit, à Champigny et à Bagneux,
s'exposer à un feu très vif sans sourciller. A
Bagneux, on se battait en plein village. Quand
l'omnibus revint pour la seconde fois, il ne ramena
pas le P. Clerc. Très inquiet, le P. Recteur se fait
sur-le-champ conduire là où il a disparu, au risque
de tomber au milieu des ennemis qui ont, dit-on,
repris le village emporté le matin par les Français
qui battent maintenant en retraite.

« On arrive, on parcourt avec anxiété le champ
de bataille encore tout fumant. Quelle n'est pas la
surprise et la joie du P. Recteur et de ses compagnons, lorsque après un quart d'heure de recher-
ches, ils trouvent le P. Clerc assis sur une pierre
et là récitant son bréviaire aussi tranquillement
qu'il eût pu le faire dans sa chambre !

« Quand les blessés arrivaient à l'ambulance, il
étanchait lui-même le sang de leurs blessures et
lavait avec une éponge leurs membres meurtris et
ensanglantés. Il leur lavait les pieds, heureux
d'imiter en cela son divin Maître, non par manière
de cérémonial, mais par des actes réitérés où l'hu-
milité et la charité avaient pour compagne insépa-
rable une mortification très méritoire. Il les changeait de linge, de draps, n'épargnait aucune peine

pour leur procurer quelque soulagement et faisait lui-même, plusieurs fois le jour, le pansement des plaies les plus répugnantes. »

*
* *

C'est en soignant les blessés que le P. Clerc se préparait au martyre. Le R. P. Ducoudray, dont il devait être le compagnon à la Roquette, préludait aussi au grand sacrifice en se livrant sans réserve à toutes les œuvres de la charité.

L'école Sainte-Geneviève, à la tête de laquelle le P. Ducoudray se trouvait en 1870, avait été transformée, comme Vaugirard, en une vaste ambulance. Cette ambulance était dirigée par deux hommes dévoués, les docteurs Maisonneuve et Moissenet, médecin et chirurgien ordinaires du collège; elle était administrée par plusieurs Pères et desservie par dix frères et par tous les domestiques attachés à l'établissement. On ne se contentait pas d'y recevoir les blessés que l'administration de la guerre y envoyait : on allait encore en chercher sur le champ de bataille, si près de l'ennemi qu'au combat de Châtillon trois religieux furent faits prisonniers et retenus à Versailles, malgré toutes les démarches tentées pour obtenir leur rentrée à Paris. L'un d'eux, le P. M..., accompagné du P. G..., se vengea des Prussiens, en franchissant leurs lignes du côté de la Loire et en allant, au risque de se faire fusiller par les Allemands d'abord, par les mobiles d'Eure-et-Loir ensuite, jusqu'à Tours indiquer les positions occupées par l'ennemi autour de Paris. En rappelant ses souvenirs, M. de Freycinet pourrait affirmer le fait, car c'est lui qui reçut la visite du P. M... et de son compagnon (1).

Outre le collège, le R. P. Ducoudray avait encore mis tous ses religieux à la disposition du ministère de la guerre.

Le 22 septembre, le colonel Delagrèverie écrivait au général chef d'État-major :

MINISTÈRE
DE LA GUERRE

—

Comité
des fortifications « Mon général,

« Je suis très honoré de la proposition que vous me transmettez d'employer pour le service de la défense, MM. les Pères Jésuites de la rue des Postes au nombre de quatre.

« Les plus grands services que pourraient nous rendre les très honorables Pères consisteraient, en raison de la spécialité de leurs connaissances, à

---

(1) Un autre Jésuite, le R. P. Noury, supérieur de la résidence de Versailles, traversa aussi les lignes allemandes pour aller renseigner la délégation de Tours sur les positions prussiennes.

diriger des appareils d'éclairage électrique sur les remparts.

« En ce moment, le personnel recruté pour ce genre d'opération est au complet; mais, selon toute probabilité, pour une cause ou une autre, des vacances se produiront, auquel cas nous serions heureux d'accepter les offres généreuses des Révérends Pères. Ne pourriez-vous, en attendant, nous envoyer les noms des quatre Pères qui se sont offerts, pour que nous n'ayons qu'à faire un appel au moment du besoin?

« Je vous envoie ci-joint un état des élèves de l'École polytechnique qui sont employés actuellement à diriger des appareils d'éclairage électrique avec indication de la position qu'ils occupent sur la fortification.

« Amitiés respectueuses,

« *Signé :* DELAGRÈVERIE,

« *Colonel du Génie,*
« *Directeur du Service de l'Éclairage électrique.* »

Quelques jours plus tard, des aumôniers ayant été demandés par divers chefs de corps, le P. C... fut attaché au colonel Dauvergne, le P. Tanguy au colonel Tillet, le P. C... au premier bataillon des mobiles du Poitou et le P. de R... au troisième. Le P. F... suivit le général Vinoy, avec une ambulance volante. Ils firent tous bravement leur devoir devant l'ennemi.

Le 14 décembre, à Buzenval, le religieux

qui était aumônier du 7ᵉ bataillon des mobiles de
la Seine, fut séparé de ses soldats. Plutôt que de
rentrer dans l'enceinte, il se joignit aux mobiles
de Seine-et-Marne et marcha au feu avec ce bataillon.

Le premier blessé, ce fut lui. Une balle l'attei-
gnit à la tête. Aussitôt entouré par quelques officiers et un grand nombre de soldats qui voulaient
le conduire à l'ambulance, il s'y refusa, arrêta le
sang qui coulait de la blessure, en se bandant
la tête d'un mouchoir, et dit en riant à ceux qui
lui reprochaient son imprudence : « Une blessure à la tête n'empêche pas de marcher. Tant
qu'un homme pourra avoir besoin de moi, je res-
terai ici. »

Il y resta et le lendemain fut mis à l'ordre du
jour de l'armée pour le remarquable courage dont
il avait fait preuve durant toute la bataille.

Au combat de Châtillon, pendant que l'artillerie prussienne faisait rage, deux hommes ramas-
saient des blessés, sans souci de la mitraille. Le
dernier qu'ils relevèrent était un Poméranien de
haute stature, qui venait de tomber et qu'ils durent coucher sur un contrevent, brancard impro-
visé, pour l'emporter. Ces deux hommes étaient
deux prêtres, l'abbé C... et le P. de R... Jésuite.

« Vous allez vous faire tuer, mon Père, disait à
la ferme du Grand-Tremblay un officier à un autre
Jésuite qui se précipitait au secours d'un lieutenant blessé.

— « Bah! je ne suis pas bien grand; avant qu'ils aient rectifié leur tir, j'aurai fait mon affaire et je reviens. »

Et le P. C... confessa le soldat sous le feu de l'ennemi et revint, comme il l'avait dit.

Le P. Tanguy ramena au combat des mobiles qui se débandaient et surprit avec eux un poste prussien. Il fut blessé deux fois en vingt jours, le 30 novembre et le 21 décembre.

« Toutes les fois que nous allions au feu, écrivait au *Morbihannais* (5 novembre 1879) un mobile de Lorient, il arrivait et nous le voyions, calme et tranquille au milieu des balles et des obus, se pencher sur les mourants et les blessés et remplir auprès d'eux sa mission de charité.

« Le soir du premier combat de Champigny, le 30 novembre, sur le plateau de Villiers, il fut atteint d'un éclat d'obus au pied gauche, en relevant les blessés. Les moyens de transport manquaient et il nous fallut, le P. Tanguy et moi, aller les chercher jusqu'au bord de la Marne. Il souffrait de sa blessure et lorsque je lui proposais de s'appuyer sur moi et de se reposer un instant, il me répondait avec son calme et doux sourire : « Je ne sens rien, hâtons-nous; ces pauvres enfants attendent sur la terre glacée qu'on les enlève et qu'on les soigne. »

« Beaucoup d'entre nous lui durent la vie, et le soir de la bataille, il céda son lit à un officier blessé.

« Le surlendemain, nous nous battions encore sur le plateau de Villiers, le P. Tanguy avec nous. Toujours même dévouement, toujours mêmes soins pour nos blessés.

« La maison où nous avions couché le 30 novembre avait été occupée par les Prussiens. Le P. Tanguy y entra le 1er décembre pour préparer notre logement. Il y trouva dix soldats allemands qui s'y étaient cachés. Prenant un ton d'autorité, le Père leur fit mettre bas les armes et, appelant des militaires du 108e de ligne, leur remit ses prisonniers tremblants de tous leurs membres.

« Quelques jours après, le 21 décembre, notre bataillon soutenait glorieusement la lutte près du Bourget. Plusieurs officiers furent blessés et un grand nombre d'hommes tués. Le P. Tanguy était là. Blessé lui-même de nouveau, il veilla encore avec la plus tendre sollicitude au transport de tous ceux atteints par le feu de l'ennemi et leur prodigua ses soins.

« Sa santé, altérée par tant de fatigues et par ses deux blessures, ne lui permit pas de nous suivre à Buzenval.

« Je n'ai plus revu le P. Tanguy.

« Arrêté sous la Commune avec les P. Ducoudray, de Bengy, Clerc, etc., il échappa à la mort et reprit paisiblement son poste de surveillant à l'École de la rue des Postes.

« Mais la guerre lui avait été funeste. Sa santé ébranlée ne put jamais se rétablir, et il mourut au moment où, brûlant du désir de répandre son sang pour le Christ, comme il l'avait déjà versé pour la France sur les champs de bataille, il était destiné aux missions de la Chine.

« Il avait été proposé pour la croix de la Légion d'honneur. Il n'en a jamais rien su et aurait refusé cette distinction. Son crucifix lui suffisait.

« Voilà donc un vrai Jésuite, et non pas un Jésuite de roman.

« Et les ennemis des Jésuites qui les attaquent sans les connaître, peuvent-ils montrer des états de services plus beaux que ceux du P. Tanguy?

« J'ai connu, entre plusieurs, et à la même époque, un autre P. Jésuite, aumônier du 4e zouaves. Mais il vit encore; je n'en puis parler.

« Je l'ai vu sur les champs de bataille, dans les ambulances, secourant les blessés, les Français et les Prussiens; leur montrant, pour alléger leurs souffrances, le Christ qui a souffert plus qu'eux. C'était aussi, et c'est encore un brave : la Compagnie de Jésus et toutes les congrégations religieuses les comptent par milliers. »

*
* *

Le P. de Bengy n'était pas un inconnu pour l'armée. Ancien aumônier de Crimée, il avait par son admirable entrain arraché cette exclamation au vainqueur d'Inkermann : « S'il y a beaucoup

de Jésuites de cette trempe, vivent les Jésuites! »
La trempe était bonne en effet. Le P. de Bengy
avait été formé à l'école de deux religieux dont le
nom est resté célèbre dans les camps, le P. Gloriot
et le P. Parabère. Le P. Gloriot était mort, en soignant les malades de Gallipoli, et le P. Parabère,
après avoir eu un cheval tué sous lui à la bataille
de l'Alma, s'en alla un soir coucher à l'ambulance
près du cadavre d'un cholérique, pour rassurer les
soldats que l'invasion du fléau avait terrifiés. Le
P. de Bengy avait hérité du courage de ces deux
héroïques religieux. Il le prouva bien durant la
pénible retraite qu'il dut opérer de Sedan à Paris
et, plus tard, durant le siège.

Sans cesse aux avant-postes, il se prodiguait
sans souci de sa vie. Ce qu'il fit sur le champ de
bataille et dans les ambulances, la reconnaissance
des soldats l'a dit mieux que ne pourraient le dire
tous les discours.

Pendant une de ses visites à l'ambulance, un
très jeune soldat, « presque un enfant », raconte-
t-il lui-même, le voyant passer près de son lit sans
parler, lui fait signe d'une main décharnée de
s'approcher de sa couche de douleur... « Monsieur
l'aumônier, lui dit-il, vous ne me reconnaissez
donc pas, et, cependant (à ces mots sa figure
décolorée se couvrit d'une subite rougeur), et cependant c'est vous qui m'avez relevé sur le champ
de bataille; vous ne me reconnaissez pas; moi, je
vous reconnaîtrais entre mille. »

Dans une autre ambulance, le P. de Bengy avait déjà vu presque tous les blessés, quand on lui présente deux jeunes soldats de la ligne : le premier le salue courtoisement ; mais le second, d'ordinaire plus communicatif que son camarade, au lieu de prendre la parole, regarde le Jésuite en face, pendant que ses traits se colorent et que ses yeux s'humectent de larmes. « Mais, François, lui dit la sœur, qu'avez-vous donc? — Oh! ma mère, c'est lui! — Comment lui? Que voulez-vous dire? — Oh! ma mère, c'est lui qui, de suite après ma blessure, m'a ramassé au champ de bataille. » Et il pleurait en serrant les mains du courageux aumônier dans les siennes.

Un soir de bataille, les brancardiers apportent un tout jeune soldat de la ligne, qui avait la tête traversée par une balle. Les médecins s'approchent, considèrent la plaie, hochent de la tête et se retirent. Il n'y a rien à faire : le pauvre enfant est perdu. Le P. de Bengy s'installe alors auprès du lit du blessé et s'efforce de lui être utile et agréable, de l'habituer à sa voix, afin d'obtenir de lui un signe de compréhension. Mais, pendant quatre grandes heures, c'est en vain qu'il guette la moindre marque d'intelligence. La cervelle a été atteinte et toute intelligence semble avoir disparu. Le Père ne perd pas courage. Le lendemain il revient et reprend son œuvre. Efforts inutiles ; le malade ne bouge pas. « Enfin, dit le P. de Bengy, l'idée me vint de lui adresser ces paroles affectueuses :

« Voyons, mon fils, réponds-moi, comment t'appelles-tu? dis-moi ton nom de baptême, j'ai le plus grand désir de le connaître. » Silence complet encore pendant quelques secondes; mais bientôt les lèvres du pauvre enfant s'entr'ouvrent avec effort, et, par trois fois, articulent ce nom : François, François, François. J'étais donc enfin compris. — Très bien, courage, cher bon François, ajoutai-je, tâche, mon enfant, de me nommer encore le pays où habite ta mère. — Je suis *censément* de Laval. — Tu me comprends, c'est à merveille. Oh! maintenant, de tout ton cœur, demande au bon Dieu pardon de tes péchés... » A l'instant, des sons inarticulés, mais évidemment destinés à formuler un acte de repentir, sortirent de la bouche du pauvre et cher François, et leur signification fut si évidente pour tous ses camarades, que leur conversation s'arrêtant à l'instant même, ce fut au milieu du plus profond silence que je prononçai, en étendant mes mains sur ce front ensanglanté, les paroles de l'absolution. »

Le dévouement extraordinaire du P. de Bengy inspirait la plus touchante reconnaissance aux blessés. « Je vous aime, lui disait l'un, comme j'aime ma mère. » — « Mon Père, disait un autre blessé, je vous en prie, ne vous exposez pas, comme vous l'avez fait dans le dernier combat. Je vous en conjure, ne vous faites ni tuer, ni blesser, j'en serais inconsolable. » Ne pas s'exposer, c'était demander une chose bien difficile au P. de Bengy,

qu'on apercevait presque toujours au premier rang.
A Châtillon, c'est lui qui était aux côtés du valeureux commandant de Dampierre, quand cet officier
fut mortellement atteint. A la dernière affaire de
l'Hay, il s'était avancé jusqu'aux lignes prussiennes
pour ramasser les morts et les blessés, et par deux
fois dans une prairie qui s'étend du moulin de
Cachan aux premières maisons du village, il avait
essuyé une décharge de fusils à aiguilles, malgré
le drapeau d'ambulancier dont il était précédé. Il
ne recula pas pour cela, et parvenu aux lignes
ennemies, près des excavations réservées aux sentinelles, il obtint la remise de quelques blessés
français. Il leur donna ses soins jusqu'au moment
où le commandant prussien lui signifia qu'on allait
le faire prisonnier, s'il ne rentrait immédiatement à
Cachan (1).

Dans le peloton qui fusilla le P. de Bengy à la
rue Haxo, il y avait, dit-on, des tirailleurs de
Belleville et des garibaldiens. Ce jour-là, le courage tomba sous les balles de la couardise et de
la lâcheté !

*
* *

Passerons-nous sous silence ce que les Jésuites
firent dans une autre ville assiégée, à Metz? Ne

(1) Voir la *Lettre au comte de Flavigny*, p. 132, 133, 135.

parlerons-nous pas de l'ambulance qu'ils établirent
dans leur grand collège de Saint-Clément? Là,
comme à Paris, on n'avait dès le commencement
de la guerre songé qu'à se rendre utile aux défenseurs de la France. Pendant que les élèves employaient toutes leurs récréations à faire de la
charpie, les Pères étaient avec les soldats dans les
camps établis autour des murailles et le supérieur
prenait ses mesures pour transformer le collège en
ambulance. Le 20 juillet, les préparatifs étaient
terminés et le maréchal commandant à Metz recevait une lettre qui l'informait que les salles et le
personnel de Saint-Clément étaient à la disposition
de l'intendance. Etrange coïncidence! Au moment
même où cet officier général remerciait le P. Couplet « *des sentiments de dévouement à la patrie,
d'abnégation et de charité chrétienne* dont témoi-
gnait une telle offre, » les francs-maçons de l'administration municipale faisaient courir le bruit
que les Jésuites avaient refusé d'ouvrir leur maison
aux soldats blessés! C'était toujours le même sys-
tème d'attaque et de défense d'un côté et de l'autre :
ici, la calomnie; là, pour toute réponse, la charité.

Les Jésuites desservirent, en même temps que
l'ambulance de leur collège, plusieurs autres ambulances. Bientôt, le nombre des blessés devint
fort grand. Les casernes, les hôpitaux, les monu-
ments publics ne suffisaient plus. On dut dres-
ser des baraquements sur plusieurs places et y
transporter un certain nombre de blessés. Celle de

ces ambulances mal commodes où l'on souffrit le plus, fut l'ambulance du polygone d'artillerie. C'est celle que choisirent entre toutes les autres trois autres Pères du collège pour y remplir les fonctions d'infirmier et d'aumônier. Mais bientôt deux d'entre eux tombèrent malades et il fallut les porter eux-mêmes à l'hôpital. Le Père G. resta seul à l'ambulance, et pendant huit mois, c'est-à-dire jusqu'à la complète évacuation des blessés français, il demeura dans cette atmosphère fétide, occupé nuit et jour à soigner nos soldats.

Ce fut à Saint-Clément que le dévouement des Jésuites eut surtout lieu de s'exercer. Vingt-quatre religieux y furent successivement atteints de la petite vérole et de la fièvre typhoïde, en soignant les blessés. Quatre d'entre eux furent emportés à la fleur de l'âge et le docteur du collège, M. Warin, mourut à la peine. Mais Dieu récompensa largement ces sacrifices. Malgré la gravité des blessures et la mortalité extraordinaire qu'on remarquait en ville, il n'y eut sur les cinq cents soldats qui passèrent à Saint-Clément que trente morts à déplorer.

Pour obtenir un pareil résultat, les Jésuites ne s'étaient point épargnés.

« A la tête de l'ambulance, dit l'un d'eux, se trouvait le P. C., chargé par le R. P. Recteur de la direction générale. On ne peut redire l'entente, l'abnégation et l'infatigable activité avec les-quelles il sut établir et conserver partout un ordre admirable.

« Puis à chaque dortoir était préposé un Père, qui tenait note des prescriptions du médecin et veillait à leur exact accomplissement ; il passait tout le jour dans son quartier, pourvoyait aux exigences du moment, renouvelait l'air des salles en temps opportun et maintenait partout une irréprochable propreté. Les humbles détails de ménage dans lesquels il devait bravement entrer, donnèrent lieu à une petite scène réjouissante. M. le Maire arrivait une fois à notre ambulance. « Monsieur le Maire, s'écria notre vénérable docteur en l'apercevant, j'ai l'honneur de vous présenter le R. P. Professeur de philosophie dans l'exercice de ses fonctions. » Et ce disant, il l'entraînait vers le P. C., décoré d'un long tablier bleu et gravement armé d'un balai. M. le Maire demeura stupéfait...

« Outre les Pères préposés à chaque dortoir pendant la journée, on désignait chaque soir deux prêtres qui avaient la fonction de veiller toute la nuit... Puis, venaient ceux que les officiers appelaient en riant la *société des libres panseurs*. Deux fois par jour, trois Pères et un Frère faisaient régulièrement le pansement des blessures ; ils assistaient à la visite du médecin, lui prêtaient leur aide dans les opérations difficiles et se tenaient prêts tout le jour à courir au premier appel où leur service était requis... »

Grâce à cette admirable organisation, l'ambulance de Saint-Clément devint populaire dans l'armée.

« Où faut-il vous transporter? demandaient des brancardiers à un capitaine qu'ils relevaient du champ de bataille, couvert de sang et de blessures...

« — Chez les Jésuites.

« — Vous les connaissez donc?

« — Je n'en connais aucun ; mais je sais ce qu'ils font pour nous ; avec une jambe broyée, je ne puis guérir que par leurs soins. »

L'espoir du brave capitaine ne fut pas trompé ; contre toute attente il put marcher après deux mois d'ambulance (1).

*
* *

Les officiers se montraient reconnaissants des soins qu'on leur prodiguait avec tant de dévouement.

Le commandant d'un bataillon de chasseurs à pied écrivait au Père directeur de l'ambulance :

« Au nom des officiers du 18e chasseurs à pied, j'ai l'honneur de vous remercier bien sincèrement des soins dont vous avez entouré notre malheureux camarade M. de R. pendant sa maladie ; en lui allégeant la douleur, en consolant ses derniers

(1) Voir *Souvenirs de Metz,* par le R. P. Didierjean, 21, 22, 25.

moments vous avez acquis des droits à notre reconnaissance à tous. »

Quelques jours après, le bataillon changeait
encore de chef. L'auteur de la lettre que nous venons de citer, mortellement frappé, était venu
expirer à Saint-Clément. Le nouveau commandant
écrivit à son tour :

« Mon révérend Père,

« Je viens en mon nom personnel et de la part de
tous les officiers du bataillon vous prier d'agréer
l'expression de notre profonde gratitude pour les
soins dévoués et les consolations chrétiennes que
vous avez prodigués à notre ancien et si regretté
commandant.

« Votre lettre, mon Révérend Père, a été pour
nous tous comme un dernier reflet de cette brillante existence militaire brisée au moment où elle
pouvait être si utile au pays.

« Chacun de nous en gardera copie, comme un
souvenir de notre brave commandant et des révérends Pères de Saint-Clément, dont l'hospitalité
généreuse rappelle à la vie nos camarades de l'armée, les soigne dans leur détresse et adoucit la
fin de ceux qui succombent dans la lutte. »

La nomination du docteur Warin, directeur de
l'ambulance, au grade de chevalier de la Légion
d'honneur (1), fut l'occasion d'une scène de fa-

_____

(1) Ce n'est que plus tard que le R. P. Couplet, recteur de Saint-Clément, reçut la croix de chevalier de la

mille des plus émouvantes. « L'occasion était belle,
dit le R. P. Didierjean, pour ces cœurs d'officiers
si délicats, d'exprimer à l'infatigable médecin leur
admiration et leur gratitude. Ils ne la manquèrent
pas. Tous se mirent en frais, l'un fit un discours,
l'autre une pièce de vers français; chacun voulut
contribuer à l'achat d'un splendide bouquet; les
plus valides enfin parcoururent la ville pour choisir une croix digne d'être offerte au nouveau chevalier : et tout cela dans le plus grand secret avec
le zèle qu'inspire l'affection. Tout est prêt et il est
cinq heures du soir : c'est le moment où le docteur
commence une seconde visite dans la salle des officiers. A peine a-t-il franchi le seuil que les applaudissements éclatent. Il trouve devant lui, en
grand uniforme (autant du moins que le permettent
les membres mutilés), tous les officiers parfaitement
rangés en demi-cercle. Un brave capitaine d'artillerie, le doyen de son grade, s'avance, appuyé sur
des béquilles, un papier à la main. C'est à peine
s'il balbutie quelques mots; les larmes qui jaillis-
sent de ses yeux l'empêchent de lire ce qu'il a
écrit. Alors, d'un mouvement spontané il tend sa
feuille au bon docteur et l'embrasse en sanglotant.
Après lui, un autre capitaine présente le bouquet
et un lieutenant-colonel attache à la boutonnière

Légion d'honneur, en récompense des services rendus
par les Jésuites à l'armée de Metz. Le gouvernement de
M. Thiers s'honora en accordant une telle distinction à
l'humble religieux.

la décoration si noblement conquise. Pleurant de surprise, d'émotion et de joie, le vénérable M. Warin ne peut que prononcer quelques paroles sorties du cœur. Le lendemain, il répétait à chacun : « Ah! messieurs, je vous remercie; je préfère mille fois l'hommage de votre amitié à toutes les décorations officielles. Jamais je n'oublierai ce que vous avez fait pour moi. » Il ne l'oublia pas en effet; il redoubla de zèle et de soins pour ses chers blessés, jusqu'à négliger toute prudence; c'est à l'ambulance, comme à son véritable champ d'honneur, qu'il contracta un mois après la maladie qui l'emporta en peu de jours..»

Lorsque l'heure fatale de la capitulation eut sonné, les blessés voulurent manifester une dernière fois la reconnaissance qu'ils avaient vouée aux Jésuites. Une députation d'officiers vint remettre au Père recteur l'adresse suivante, signée de plus d'une main mutilée :

« Mon Révérend Père,

« C'est pour nous un bonheur autant qu'un devoir de vous redire hautement notre profonde et inaltérable reconnaissance pour les soins empressés que nous avons reçus à Saint-Clément. Nos remercîments s'adressent à tous, mais particulièrement aux Pères qui nous ont pansés et veillés. Par leur dévouement, par leur sollicitude au dessus de tout éloge, ils ont su adoucir les derniers moments de nos frères décédés et avancer pour

nous qui avons survécu l'époque si désirée de la
guérison. Merci donc mille fois et pour eux et
pour nous ! »

« Ce n'est pas tout : mus par une pensée aussi
généreuse que délicate, ils résolurent d'ériger dans
l'église Saint-Clément un monument qui transmît
à la postérité l'expression de leur reconnaissance.
Ils en tracèrent eux-mêmes le plan et en compo-
sèrent la légende ; puis il les apportèrent au Père
Recteur, en le priant d'agréer leur dessein et
d'accepter la somme nécessaire à sa réalisation.
Une telle proposition ne pouvait essuyer un refus.
Aujourd'hui le voyageur français qui visite l'église
Saint-Clément aperçoit, adossé au mur près de
l'autel de la sainte Vierge, un monument d'une
architecture simple et sévère, en forme de céno-
taphe ; sur le marbre noir qui occupe le milieu, il
peut lire l'inscription suivante :

CUM EXTREMO ANNO 1870

DIUTURNA OBSIDIONE DIVODURUM MEDIOMATRICUM

URGERETUR,

MULTI MILITES GALLI, DEFATIGATIONE, PENURIA

IN GRAVISSIMOS MORBOS INCIDERUNT.

ALII IN CERTAMINIBUS, ERUPTIONIBUS, PROPUGNATIONE,

SAUCIATI SUNT,

EX QUIBUS QUOTQUOT POTUERUNT IN ÆDES SUAS

CLEMENTIANAS

ADMISERUNT SODALES SOCIETATIS JESU,

EORUMQUE CORPORA ET ANIMAS

DIU NOCTUQUE SINGULARI CARITATE PROCURARUNT,

CHRISTO IN INFIRMIS FRATRIBUS SERVIENTES.

CUJUS REI ET GRATI ANIMI, UT PERENNIS EXTET MEMORIA,

SUPERSTITES TRIBUNI, CENTURIONES, ALIIQUE PROEPOSITI,

COLLATA PECUNIA, HUNC LAPIDEM POSUERUNT (1). »

*
* *

On ne s'étonnera pas qu'après avoir vu si longtemps les Jésuites à l'œuvre, la ville de Metz ne
voulut pas en être privée.

Quand la police prussienne expulsa les enfants
de Saint-Ignace de leur maison de Strasbourg, une
foule énorme, groupée autour des proscrits, faisait
retentir l'air du cri « Vivent les Jésuites! » On
leur offrait des bouquets, des guirlandes, des cou-
ronnes, et M. Edmond About lui-même, gagné par

---

(1) « Lorsqu'à la fin de l'année 1870, Metz eut à subir
les horreurs d'un long siège, un grand nombre de soldats
français ou bien tombèrent très gravement malades par
suite des fatigues et des privations, ou bien furent blessés dans les combats et les sorties qui eurent lieu pour
la défense de la ville. Les Pères de la Compagnie de
Jésus recueillirent tous ceux qu'ils purent dans leur
maison de Saint-Clément. Aux corps et aux âmes ils
prodiguèrent leurs soins nuit et jour avec une admirable charité, servant Jésus-Christ dans la personne de
leurs frères. Voulant laisser de ce dévouement et de
leur propre gratitude un souvenir durable, les officiers
qui ont survécu, colonels, capitaines et autres grades,
ont élevé ce monument à frais communs. » (*Souvenirs de
Metz*, p. 53, 54, 55.)

l'enthousiasme universel, écrivait qu'à Strasbourg *le jésuitisme était devenu une nouvelle forme de patriotisme.*

Il en fut de même dans la capitale découronnée de la Lorraine.

C'était en 1872. Saint-Clément avait alors pour recteur le R. P. Stumpf. Pendant la guerre, ce religieux avait quitté Lille, où il était de résidence, était venu à Versailles et, à force de démarches, avait obtenu la permission d'entrer en Allemagne pour secourir nos prisonniers. Accompagné du R. P. de Damas, frère de l'aumônier de Belfort, il était aussitôt parti pour la Belgique afin d'y solliciter la charité, d'y tendre la main à toutes les portes et d'y recueillir pour les captifs, argent, remèdes, vêtements. La Prusse l'avait aperçu ensuite, allant, malgré son âge avancé et la rigueur de la saison, de forteresse en forteresse, de dépôt en dépôt, pour visiter les prisonniers et leur adoucir les souffrances de la captivité. C'était un cœur ardent, qui dans Metz prussifiée battait toujours pour la France, avec bien d'autres d'ailleurs, et qui avait fait du collège « comme un coin de la ville demeuré terre française. »

« Au dernier concours de Saint-Cyr, s'écriait-il un jour, en pleine distribution des prix et devant plusieurs officiers prussiens, treize candidats ont été déclarés admissibles. Ils sont prêts à remplacer à l'école les jeunes officiers sortis de Saint-Clément qui ont si vaillamment fait leur devoir dans la dernière guerre, dont trente sont tombés sur le champ de bataille et dont plusieurs autres, à vingt ans, portent la croix d'honneur et, ce qui est plus glorieux, de nobles cicatrices. »

Le vainqueur ne trouva pas ce patriotique langage de son goût et la loi d'expulsion fut appliquée aux Jésuites de Saint-Clément.

A peine cette décision fut-elle connue à Metz, qu'elle y suscita la plus vive émotion. L'administration municipale, au nom de la ville entière, fit parvenir au gouverneur général de l'Alsace-Lorraine une pétition pour demander le maintien des Jésuites à Saint-Clément. D'un autre côté, les dames de Metz s'adressaient à l'impératrice d'Allemagne pour la supplier d'arrêter les effets de la loi d'expulsion. Mais tout fut inutile. Comment dépeindre l'explosion de douleur indignée qui éclata alors? Toutes les classes de la société luttèrent à l'envi pour prodiguer aux proscrits les plus touchants témoignages de leurs sympathies et de leurs regrets.

Les curés de la ville se rendirent auprès du P. Recteur pour lui exprimer « leur dévouement respectueux et leur profonde sympathie. »

Les ouvriers et les ouvrières catholiques de Metz lui envoyèrent une adresse, couverte de signatures, où on lisait ces lignes :

« Je viens, mes Pères, au nom d'une classe que vous avez aimée, que vous avez soulagée, que vous avez protégée, mêler nos regrets à ceux qui vous

ont déjà été adressés, vous faire nos adieux...
l'adieu du pauvre et de l'orphelin, l'adieu de la
veuve, l'adieu des ouvriers.

« Partez, mes Pères, puisqu'on vous l'ordonne,
mais, on vous l'a dit, ne secouez pas la poussière
de vos vêtements sur une ville qui vous fut si
chère, où vous laissez tant de souvenirs, où tant
de cœurs vous resteront unis, d'où tant de sympathies vous suivront.

« Votre départ est un triomphe ; être chassé
pour Jésus-Christ, c'est une gloire : c'est le sacrifice, le dernier peut-être contre lequel viendra se
briser la colère du Très-Haut, peut-être aussi le
dernier et douloureux holocauste qu'il demande
de nous, pauvres catholiques de Metz, restant par
position et par devoir forcément exilés de la patrie.»

« Vous partez, mes Pères, disait à son tour, le
vénérable évêque de Metz, vous partez pour porter
sur une terre hospitalière vos vertus, votre science
et votre zèle. Sachez du moins que notre reconnaissance vous suivra partout où vous dresserez
votre tente. Cher père Recteur, il y a vingt ans
déjà, lors de la fondation de ce collège, je vous ai
vu à la peine ; aujourd'hui qu'il s'agit de sa disso-
lution, je vous vois sur la croix ; un jour, je l'espère, et ce jour luira bientôt, je vous reverrai
dans la joie du retour. Et vous, mes chers enfants,
vous allez quitter cet asile béni où vous étiez venus
abriter votre innocence ; vous le quittez, je le sais,
le cœur plein de larmes. A la joie si pure, aux

jeux si pleins d'entrain dont vous animiez ces cours, vont succéder le silence et la solitude, mais ce ne sera pas le silence et la solitude de la mort. Sur Saint-Clément vide et désert, comme sur nos tombes chrétiennes, nous écrirons ce mot plein d'espoir : *In spem beatæ resurrectionis.* »

Enfin, les élèves des cours supérieurs de science voulurent aussi remercier leurs maîtres. Ils leur adressèrent une touchante lettre d'adieu qui fut publiée en France.

« Avant de vous quitter, disaient ces nobles jeunes gens, qu'il nous soit permis, au nom de tous nos camarades absents, de vous donner un témoignage public de nos regrets et de notre éternelle reconnaissance...

« Notre affection ne pourra vous sauver, mais elle vous consolera et vous vengera.

« Pendant vingt années, nous et nos camarades nous vous avons vus à l'œuvre ; nous avons été les témoins assidus de votre sollicitude, de votre abnégation, de votre intrépidité, de votre dévouement.

« Trop souvent on vous accuse sans vous connaître, trop souvent l'aveugle préjugé dicte contre vous les plus odieuses calomnies.

« Nous, vos élèves, nous vous connaissons. Le témoignage de notre amour vaudra-t-il moins que celui de la haine et de l'envie?...

« Il ne nous sied pas de faire votre éloge. Votre éloge ! ah ! ce sont ces nombreux jeunes gens formés par vos soins et qui à cette heure sont déjà l'honneur de la magistrature, de l'industrie et de l'armée ; votre éloge, ce sont les jeunes héros, qui, remplis à votre école de l'amour de l'Eglise et de la France, ont si tôt et en si grand nombre rougi de leur sang les plaines de Mentana et de Castelfidardo, les champs de bataille de Reischoffen et de Gravelotte. Votre éloge enfin, ce sont les angoisses de tant de familles à l'approche de la catastrophe qui vous menaçait ; ce sont leurs larmes et les nôtres en ce jour d'adieux ; c'était aussi notre ferme et inébranlable résolution de vous suivre partout où vous auriez pu nous offrir un refuge...

« Mais hélas ! il faut nous séparer. Merci, Révérend Père Recteur, et vous tous, nos Pères, qui avez présidé à notre éducation, merci de vos soins et de vos fatigues... merci de la science que vous nous avez communiquée, merci des exemples que vous nous avez donnés, du patriotisme vigoureux et sincère que vous nous avez inspiré, des principes dont vous avez armé nos âmes pour les luttes de l'avenir.

« Merci enfin de l'honneur qui nous revient aujourd'hui de votre proscription même. Oui, ce sera éternellement une gloire pour les derniers élèves de Saint-Clément d'être tombés avec leurs maîtres POUR LA CAUSE DE DIEU ET DE LA PATRIE (1). »

Ces jeunes gens en avaient donc conscience :

(1) *Souvenirs de Metz*, passim.

c'était « pour la cause de Dieu et de la patrie »
que leurs maîtres tombaient ; c'était pour avoir
voulu faire de leurs élèves de trop bons chrétiens
et de trop bons Français que la Prusse les chassait !

Qu'eussent-ils dit, si on leur avait annoncé
alors que sept ans ne se passeraient pas avant
qu'une chambre française n'enlevât à ces glorieux
proscrits de Dieu et de la patrie le droit d'ensei-
gner la jeunesse, sous prétexte qu'ils manquaient
de patriotisme et n'avaient pas l'amour du pays !

Ils n'auraient pas voulu croire à la possibilité
d'une pareille entreprise, et cependant, hélas ! en
leur affirmant cela, on ne leur eût pas menti !

III

Les Frères des écoles chrétiennes

C'est pour un crime analogue à celui des Jésuites que les Frères de la doctrine chrétienne furent bannis d'Alsace. Interpellé au mois de mai 1873 sur leur expulsion, M. de Bismarck répondit par ces simples paroles : « Je n'ai pas autre chose à dire, sinon que les autorités de l'Alsace-Lorraine ont agi d'après cette conviction, que l'activité de ces Frères, de ces religieux, était encore plus préjudiciable au pays que le manque d'instituteurs, et qu'un enseignement empoisonnant l'esprit allemand en Alsace serait pire que l'absence d'enseignement. »

Empoisonner l'esprit allemand en Alsace, c'était entretenir au cœur des enfants le culte de la France, le souvenir de la patrie perdue. Les Frères avaient commis ce crime : ils furent exilés.

Aujourd'hui, en France, on les accuse de ne pas donner un enseignement national. La haine,

d'ordinaire si perspicace, de M. de Bismarck s'était-
elle effrayée trop tôt et, en revêtant la robe de
bure, les Frères ont-ils réellement dépouillé leur
cœur de tout patriotisme ?

Quand la guerre éclata, les Frères de la Doctrine chrétienne n'étaient point encore en vacances : ils faisaient chaque jour la classe. Exempts
du service militaire, non pas comme religieux,
mais à cause de leur engagement décennal dans
l'instruction publique, ils avaient exactement les
mêmes droits que les instituteurs primaires, les
professeurs des collèges et tout le personnel de
l'enseignement public en France. L'année scolaire
terminée, ils pouvaient donc se reposer de leurs
pénibles labeurs, en laissant à d'autres le soin de
se dépenser pour le pays. C'est ce que fit le plus
grand nombre des instituteurs laïques. Mais les
Frères étaient religieux, et, à ce titre, ils avaient
droit à une part exceptionnelle dans les fatigues
de la guerre et le péril commun. Le 15 août 1870,
leur Supérieur général la réclama, en adressant
au Ministre de la guerre la lettre que voici :

« Monsieur le Ministre,

« Malgré les travaux de l'année scolaire, opérés
sous les excessives chaleurs qui ont lieu pendant
l'été, nos Frères veulent profiter du temps des
vacances pour payer à la patrie un nouveau tribut
de dévouement.

« En conséquence, Monsieur le Ministre, je viens

mettre à votre disposition tous les établissements libres que nous possédons, tels que : Passy, Saint-Omer, Thionville, Dijon, Beauvais, Dreux, Lille, Reims, Lyon, Chambéry, Le Puy, Béziers, Toulouse, Marseille, Avignon, Rodez, Nantes, Quimper, Tours, Orléans, Moulins, Clermont, notre Maison-Mère, rue Oudinot, à Paris, etc., etc., et, en ce qui nous concerne, les maisons et écoles communales que nous dirigeons dans toute l'étendue de l'empire, pour être transformées en ambulance.

« Tous les Frères qui dirigent ces établissements libres et publics s'offrent pour prodiguer leurs soins aux malades et aux blessés qui leur seront confiés, etc... »

Le Ministre de la guerre eut bien garde de refuser le concours d'auxiliaires si précieux. Aussitôt on se mit à l'œuvre de toutes parts, et bientôt un grand nombre d'ambulances furent prêtes.

Déjà les blessés arrivaient des bords du Rhin. A l'ambulance établie dans la gare du nord, les Frères en soignèrent 994, du 26 août au 14 septembre. A l'ambulance de leur maison du faubourg Saint-Martin, où 25 d'entr'eux étaient occupés, ils donnèrent, en moins d'un mois, les premiers soins à plus de 1,350 soldats. Quand l'investissement fut consommé, ils se répartirent entre diverses maisons et soignèrent les blessés à l'ambulance de la Légion d'honneur de Passy et à celles de Saint-Maurice (rue Oudinot), de Saint-Paul (rue Saint-Antoine), des Arts-et-Métiers, de Sainte-Clo tilde et de Bullier. Dans la première passèrent 1,168 malades. Ce ne fut pourtant pas la plus importante de celles que dirigèrent les Frères, car leur œuvre principale en ce genre fut l'ambulance de Lonchamps.

Les pavillons de Lonchamps, au nombre de 29, avaient été construits au rond-point même sur un terrain mesurant 40,000 mètres de superficie. 21 d'entre eux comprenaient une salle contenant de 20 à 30 lits et diverses petites pièces nécessaires au service. Les 8 autres étaient employés à la lingerie, à la cuisine, à la pharmacie et aux bureaux.

C'est le 19 janvier que les ambulances de la presse prirent possession de ces pavillons. Le docteur Ricord, chargé d'organiser le personnel, s'empressa de demander au frère Philippe, général de l'Institut des écoles chrétiennes, un grand nombre de religieux pour le seconder. Il confia la charge d'administrateur supérieur de l'ambulance au frère Exupérien, maître des novices de Paris. Sous la haute direction de ce religieux, 14 autres frères se livraient aux travaux d'administration, 250 remplissaient l'office d'infirmiers et de gardes-malades, et les jours de combat, 300 allaient sur le champ de bataille ramasser les blessés.

Le docteur Ricord n'eut pas à se repentir d'avoir mis les Frères à la tête de l'ambulance, et il se plaisait à leur rendre justice devant tous. « Je n'aurais jamais cru qu'on pût trouver tant de dévouement chez des hommes », disait-il souvent,

et lorsqu'il faisait les honneurs de l'ambulance à
quelque visiteur de marque, il prenait plaisir à
répéter : « Ce sont les Frères qui ont fait notre
fortune. Sans eux, avec un personnel double de
celui que nous avons, nous n'aurions jamais obtenu
la moitié des résultats auxquels nous sommes arrivés. »

Les chefs de service étaient du même avis que
le célèbre praticien. « Nous avons eu les Frères,
disait le docteur Demarquay à ses amis, et, grâce
à eux, nous avons obtenu des résultats inespérés. »

« Je pars content, disait le docteur Bastien
après sa visite, parce que je suis certain qu'en
mon absence les pansements seront bien faits. »

*
* *

Si contents que fussent les docteurs de l'ambulance du dévouement déployé par les Frères, ils
l'étaient bien moins encore que les malades. Parmi
ceux-là, les plus prévenus mêmes ne pouvaient
comprimer l'élan de leur reconnaissance. Au moment où l'insurrection du 18 mars éclata, les
pavillons de Lonchamps renfermaient environ
500 malades. Le comité de la presse résolut de
continuer à leur donner ses soins ; mais il fallut
ouvrir des salles aux blessés de la Commune. Les
Frères, fidèles à leur poste, furent donc appelés à
veiller sur les fédérés, comme ils avaient veillé

durant tout le siège sur nos braves soldats. La
mission était délicate, car les gardes nationaux
arrivaient à l'ambulance, pleins de méfiance et
de soupçons. Mais la charité a raison de toutes les
préventions. Celle des Frères conquit bientôt l'es-
time et la reconnaissance des victimes de cette
guerre fratricide, et, lorsque le citoyen Ostyn,
membre de l'ambulance, vint visiter les pavillons,
il dut, après avoir entendu l'éloge des Frères de
la bouche de tous les fédérés, rendre lui-même
hommage à leur dévouement et à leur infatigable
activité.

La Commune ne se piquait pas de logique. Elle
venait de faire l'éloge des Frères; quatre jours
après, elle les chassa.

Dès qu'on vit les Frères s'apprêter au départ,
les malades et les fédérés surtout furent plongés
dans la consternation. On ne voulait pas que des
infirmiers si dévoués fussent chassés, comme de
mauvais domestiques! Il fallait qu'ils restassent à
un poste qu'ils avaient honoré par leur abnégation!
Des pétitions se signèrent dans toutes les salles et
ces hommes, qui avaient été frappés sur les remparts en défendant la cause d'un gouvernement
ennemi de la religion, réclamèrent avec instance
les secours de quelques religieux. Mais les gémissements de ces malades se perdirent au milieu du
cliquetis des verres et des joyeuses chansons de
table de l'Hôtel-de-Ville : on ne les entendit pas, et
les Frères furent expulsés.

Il y eut alors comme une révolte dans les salles. Lorsque l'officier principal qui remplaçait le Frère Exupérien passa pour la première fois l'inspection de l'ambulance, un chef de bataillon de la garde nationale, se soulevant sur son lit, l'apostropha avec la dernière violence : « Hommes sans cœur, s'écria-t-il, vous nous avez privés d'amis qui nous aimaient plus qu'ils ne s'aimaient eux-mêmes... Désormais, plus de consolations pour nous ! Vous êtes des misérables et des lâches... » Toute la salle applaudit et l'officier, pourpre de colère, dut sortir au plus tôt.

Un franc-maçon, chef de bataillon garibaldien, Herpin-Lacroix, ne voulut pas demeurer à Lonchamps après le départ des Frères. Il se fit transporter à l'ambulance qui avait été établie au Grand-Orient, et s'entremit pour faciliter à trois de ses anciens gardes-malades la sortie de Paris.

Ce n'était pas la première fois du reste qu'un garibaldien saluait avec respect la bure de l'ignorantin. Au combat de Messigny sous Dijon, l'armée de Garibaldi avait acclamé des Frères : « *Evviva, evviva i Frati!* criaient les bandes italiennes, tandis que les religieux allaient recueillir les blessés sur le champ de bataille, « *Bravo essi si che sono uomini*, bravo, voilà des hommes ! » Oui, des hommes, c'en était et plût à Dieu que tout le monde eût aussi bien fait son devoir qu'ils le firent !

*
* *

En province, comme à Paris, les Frères s'abandonnèrent à leur besoin de dévouement et de sacrifice. « Ils se demandèrent, dit le rapporteur de
l'Académie française, comment ils pourraient con-
courir à la défense du pays et soulager ses maux.
Deux fibres vibrèrent à la fois dans leurs cœurs :
celle du citoyen et celle du chrétien; deux vertus
les entraînèrent, le patriotisme et la charité... Ils
parurent sur tous les champs de bataille : à Dijon,
à Alençon, à Pouilly, à Pontarlier, partout où l'on
se battit, allant toujours au milieu du feu, le plus
loin possible pour ramasser nos blessés. » A Verdun,
après avoir relevé les défenseurs de la ville sur les
remparts, ils recueillirent les enfants de troupes
des 57e et 80e régiments de ligne et du 5e chasseurs à cheval, que la capitulation de la place
avait privés de leurs parents, et ils les nourrirent
pendant cinq mois. A Laurac, ils devinrent quêteurs
et, avec le linge qu'on leur donna, ils firent de la
charpie et mirent dans le sac de chaque mobilisé
trois compresses et un petit indispensable médical.
A Saint-Étienne, à Saint-Denis, à Nemours, ils
tenaient les écritures du bureau des subsistances.
A Dieppe, ils fabriquaient des cartouches.

Dans les départements occupés, ils furent encore
plus utiles. Combien de fois ne réussirent-ils pas

à faire évader les prisonniers que l'on conduisait en captivité! A Corbeil, 66 soldats leur durent ainsi la liberté. A Dreux, 37 prisonniers et à Morteau 20 autres s'échappèrent, grâce à eux, des mains de leurs guides. A Pourru-Saint-Rémy, le Frère Directeur fut même assez heureux pour obtenir la vie sauve à deux habitants, MM. Lecaillou et Grastieaux, que les Prussiens allaient fusiller.

Mais ce fut surtout dans les ambulances que les Frères firent un bien immense.

Nous avons dressé une liste, fort incomplète, du nombre des soldats qui furent soignés par ces religieux dans les maisons que l'Institut avait en province et, toute incomplète qu'elle est, cette liste a une éloquence sans pareille.

La voici dans toute sa simplicité.

Les Frères soignèrent :

A Lyon.	696	soldats
A Toulouse.	417	»
A Dijon.	500	»
A Châlon-sur-Saône.	780	»
A Orléans.	250	»
A Dreux.	348	»
A Nantes.	60	»
A Avignon.	129	»
A Bordeaux.	301	»
A Mer (Loir-et-Cher).	1008	»
A Dunkerque.	490	»

A Falaise.	280 soldats
A Libourne.	160 »
A Clamecy.	200 »
A Montluçon.	255 »
A Pesme (Haute-Saône).	414 »
A Besançon.	580 »
A Bapaume.	501 »
A La Charité.	746 »

Et nous ne parlons pas de Marseille, de Vienne, de Niort, de Nîmes, de Chartres, de Cherbourg, de Saint-Quentin, de Nuits, de Chambéry et de vingt autres villes pour lesquelles les chiffres nous manquent !

Qui calculera l'argent dépensé dans toutes ces ambulances? Et les journées de gardes malades que représentent tous ces soins! Ce n'est plus par milliers qu'il faudrait compter ici; c'est par centaines de mille, et cela ne suffirait pas encore !

Mais comment ne pas saluer, d'un souvenir au moins, ceux qui périrent victimes de leur dévouement, et que la mort saisit sur le champ de bataillle ou au chevet des blessés ! Humbles héros de la charité, dont le monde ignore jusqu'au nom, et qui, en descendant volontairement au cercueil n'ont pas même réussi à défendre leurs Frères survivants des ricanements de la sottise et des persécutions de l'incrédulité ! Vingts morts, plus de cinquante blessés ou malades, il semblait cependant que c'en fût assez pour éteindre bien des haines ! Mais non, les haines se sont rallumées au souffle de la passion et aujourd'hui elles font leur œuvre.

*
* *

Quand le docteur Ricord disait au frère Baudime : « Mon frère, s'embrasse-t-on chez vous? Eh bien, portez ce baiser à tous vos frères et dites-leur qu'au nom de la France nous les remercions; » quand il attachait sur la poitrine du frère Philippe la croix de la Légion d'honneur ; quand il assistait, à Saint-Sulpice, aux obsèques glorieuses du frère Néthelme, aurait-il pu s'imaginer que Paris, qui avait vu les Frères à l'œuvre, les chasserait jamais de ses écoles?

Mais Paris a la mémoire courte. Il ne se souvient plus de Champigny et du Bourget. Il ne se rappelle plus ces cinq à six cents brancardiers volontaires (1), qui excitèrent jadis son enthousiasme. Et cependant quelle ne fut pas leur intrépidité!

« Ils eurent, dit le rapport lu à l'Académie française le 8 août 1872, ils eurent constamment leurs places et sur les remparts et dans les batailles qui se livrèrent devant nos murs : la bataille de Champigny, celle du Bourget, celle de Buzenval et l'attaque de Montretout.

(1) Le métier de brancardier était un vieux métier pour les Frères. Ils l'avaient fait déjà en 1814 dans la plaine de Saint-Denis.

« Ces jours-là, on les voyait de grand matin, par un froid rigoureux, traverser Paris au nombre de trois à quatre cents, salués par la population, le frère Philippe en tête, malgré ses *quatre-vingts ans*, et les envoyant au combat, où il ne pouvait les suivre. Quant aux Frères, ils affrontaient le feu comme s'ils n'avaient fait que cela toute leur vie, admirables par leur discipline et leur ardeur.

« C'est ce que tout le monde a proclamé. Ils étaient réunis par escouade de dix, un médecin avec eux, et ils marchaient comme un régiment. Arrivés au combat, les reins ceints d'une corde, et s'avançant deux par deux avec un brancard, ils se répandaient, *courant toujours du côté du feu*, relevant les blessés, les portant avec soin jusqu'au médecin et aux voitures d'ambulance. Pour chaque bataille il y aurait une foule de traits à signaler. « Mes Frères, leur criait un jour un de nos généraux, l'humanité et la charité n'exigent pas qu'on aille si loin. » Un autre chef descend de cheval et embrasse l'un d'eux, sous le feu du canon, en lui disant : « Vous êtes admirables, vous et les vôtres ! »

« C'est qu'en effet, *dans le plus fort de la mêlée*, ils couraient à nos blessés, *sous les balles et la mitraille*, mêlés cordialement avec nos soldats, qui les regardaient comme des camarades. Ils marchaient de concert : l'un, comme on l'a remarqué, portait l'épée qui tue, l'autre la croix qui sauve. Puis, le lendemain des batailles, ils ensevelissaient les morts. »

C'est à Champigny que les Frères de Montrouge

allèrent pour la première fois au feu. Avant le
départ, la cloche tinta et toute la communauté
se réunit aux pieds du Dieu des forts. Après une
courte prière, le Frère Directeur ouvrit l'Imitation
et il lut, d'une voix grave, un chapitre du troisième
livre qui se termine ainsi :

« Courage, mes Frères, poursuivons tous ensem-
ble notre route, Jésus sera notre compagnon.

« C'est pour lui que nous avons embrassé la
croix, pour lui aussi persévérons à la porter.

« Il sera notre soutien, lui qui est notre guide et
notre chef.

« Oui, voilà notre roi qui marche à notre tête et
qui combattra pour nous.

« Suivons sa trace en hommes de courage. Que
personne ne tremble. Tous soyons prêts à mourir
généreusement en face de l'ennemi et ne souillons
point notre gloire par une fuite honteuse devant le
danger. »

Silencieux et recueillis, les Frères sortirent deux
à deux de l'humble chapelle. Une heure après, ils
étaient sur le champ de bataille.

— « J'ai blanchi au milieu des combats, leur
dit le premier blessé qu'ils relevèrent; j'ai fait
vingt-deux campagnes, mais jamais je n'ai vu
d'engagement aussi meurtrier que celui-ci. »

Ce blessé était l'héroïque général Renault.

Les Frères le portèrent à l'ambulance et revinrent au feu, sans hésiter. Leur courage était à la
hauteur du danger.

L'un d'eux est atteint d'une balle. Il poursuit sa route. Un peu plus loin, un obus éclate auprès de lui et le blesse à la jambe. « Arrêtez, » lui crie-t-on, en voyant le sang couler. Le bon Frère s'arrête, entoure sa jambe d'un mouchoir et reprend son service de brancardier, avec autant de calme que s'il n'eût pas été atteint.

« A quelques pas de là, quatre Frères sont informés qu'un capitaine blessé est sans secours dans une petite maison qu'on leur montre du côté des Prussiens. Aussitôt ils s'élancent sous les feux qui se croisent, et, à travers les cadavres, rapportent dans leurs bras le pauvre capitaine ému jusqu'aux larmes d'un pareil dévouement...

« Les soldats, témoins de ce sang-froid, leur crient : « Frères, vous êtes des nôtres; revenez avec nous. » Ils reviennent en effet : au même instant, un obus éclate au milieu d'eux, tue un cheval et son cavalier, qui tombe, la poitrine ouverte et le cœur jeté dehors, sur un Frère dont la robe est en même temps traversée par un éclat. Le Frère était jeune : il pâlit un moment. Mais il s'agenouille, prie et remet dans la plaie béante ce cœur qui ne doit plus battre ici-bas. Puis l'âme triste... il s'éloigne pour rejoindre ceux de ses confrères dont le service est de porter les blessés aux voitures ou aux bateaux-mouches (1). »

Les Frères déployèrent au Bourget et à Buzen-

---

(1) J. d'Arsac. — *Les Frères des Écoles chrétiennes*, p. 119.

val, la vaillance qu'ils avaient montrée à Champigny.

C'est au Bourget que fut frappé le Frère Néthelme, tandis qu'il allait recueillir un blessé à cent cinquante mètres en avant des lignes françaises. Il tomba sanglant dans les bras d'un de ses confrères et fut transporté à l'ambulance sur le brancard même dont il s'était chargé. Quelques jours après, il expirait et M. Jules Ferry, invité à paraître aux funérailles du pauvre brancardier, écrivait à M. de la Grangerie, secrétaire du Comité des ambulances de la presse :

« Monsieur,

« Je vous suis reconnaissant de cette pieuse pensée d'associer l'administration municipale à l'hommage que vous rendrez demain au très digne et très courageux citoyen, en religion Frère Néthelme, qui a payé de sa vie son dévouement pour les blessés. S'il y a des degrés dans l'héroïsme, les plus beaux sacrifices sont les plus obscurs, et le Frère Néthelme a accompli le sien, assurément, sans espoir de gloire. C'est pour nous un devoir d'autant plus étroit de lui rendre les honneurs civiques auxquels il n'aspirait pas, mais qui témoigneront *une fois de plus de l'union intime de toutes les âmes françaises dans une seule foi et dans un même amour, l'amour et la foi dans la patrie.* Je ne puis assister personnellement aux funérailles du Frère Néthelme ; mais la présence de M. Léon Béquet, chef du cabinet du gouverneur, particulièrement chargé de la direction et de l'organisation de nos brancardiers munici-paux, marquera nettement le sentiment fraternel qui unit tous les collaborateurs à notre grande œuvre hospitalière.

« Recevez, etc.

« *Signé :* Jules FERRY. »

L'union intime de toutes les âmes françaises dans une seule foi et dans un même amour, l'amour et la foi dans la patrie ! Ah ! monsieur Ferry, et vos deux Frances !

*
* *

Tous ceux qui furent les témoins du courage simple et sans forfanterie des Frères lui rendirent hommage.

« J'étais leur adversaire, disait à Buzenval le chef de l'un des bataillons de la garde nationale, je deviens leur ami. Ce sont des patriotes et la France a besoin d'eux ! »

Huit jours auparavant, ce commandant s'était écrié devant ses hommes : « Si tous les gens de religion pouvaient être devant les canons prus-siens et qu'il n'en restât pas un, je serais con-tent ! »

« Les hauts faits et les traits d'héroïsme chrétiens de ces hommes, dit le docteur O. de Langenhagen, ont déjà retenti dans tous les cercles de la capitale... Leur conduite commande le respect et l'admiration, et leur exemple convertirait à la religion et à la vérité tous ceux qui doutent ou que le scepticisme égare. Pour ma part, tout hérétique que je suis, j'ai été saisi d'étonnement et d'admiration devant les faits dont j'ai été témoin, comme tant d'autres de mes confrères, à Champigny, à Villiers, à Petit-Bry... »

Le *Times* écrivait de son côté : « Restent les Frères des écoles chrétiennes ; ils semblaient vraiment *la vieille garde* (*old guard*) des infirmiers; leur activité était prodigieuse...

« J'en ai vu un qui avait ramassé un obus, et comme un soldat lui criait de prendre garde, parce que cet obus venait justement de tomber et pouvait éclater, le Frère, au lieu de le jeter au plus vite, ce que neuf civils sur dix n'auraient pas manqué de faire, eut la présence d'esprit de le poser doucement à terre, avec autant de sang-froid que s'il se fût agi d'un œuf ; et, se tournant vers nous qui faisions au projectile une mine assez piteuse, il nous dit tranquillement, qu'il est très dangereux de laisser tomber cela lourdement, parce qu'il y aurait alors explosion. » (*Times*, 10 décembre 1870.)

Quant aux Prussiens, lorsqu'après la bataille ils virent le dévouement avec lequel soixante Frères procédèrent, pendant trois jours, à l'inhu-

mation des cadavres restés sur la ligne des avant-
postes, ils furent saisis d'admiration.

— « Nous n'avons rien vu d'aussi beau jusqu'ici,
dit l'un d'eux.

— « A l'exception des sœurs grises », reprit un
autre.

L'Académie française, en décernant à l'Institut
des Frères le prix de la ville de Boston, « comme
la croix d'honneur qu'on attache au drapeau d'un
régiment », a redit elle aussi au nom de la France :
« Nous n'avons rien vu d'aussi beau pendant la
guerre que la conduite héroïque de ces humbles
religieux. »

IV

Les Sœurs de Charité

« Il est d'absolue nécessité, dit le Comité des
ambulances de la presse, de faire appel dans un
hôpital à des personnes intelligentes pour soigner
les malades ou les blessés, pour leur donner les
aliments et les médicaments en temps opportun.
Le premier soin du Comité, contrairement à d'autres sociétés de secours, a été d'éloigner de nos
salles les femmes du monde et de les réserver pour
la lingerie ; non pas que la femme du monde
manque des qualités nécessaires pour rendre les
services réclamés par le blessé, mais parce qu'elle
apporte avec elle ses préoccupations de famille et
de société, qu'elle est entourée de parents, de rela-
tions nombreuses qui forcément la gênent dans les
soins que sa charité la porte à donner aux malades.

« La religieuse, au contraire, dégagée de toutes
les préoccupations de la vie, n'a qu'un but et
qu'une pensée : c'est d'atteindre l'idéal qui remplit

son âme : le dévouement et le sacrifice. Pour toutes ces raisons, les Sœurs furent préférées aux femmes du monde. Rien ne les arrête, rien ne leur répugne ; elles entourent les blessés de leur pieuse et intelligente sollicitude.

« Étrangères à tous les événements, elles n'ont qu'un mobile : la charité ; qu'un but, le soulagement et la consolation. Aussi, avons-nous peine à comprendre l'opposition systématique de quelques esprits forts, qui se sont crus autorisés à les repousser. »

Ces lignes expliquent pourquoi la Sœur de charité est si bien accueillie du soldat.

Lorsqu'au camp de Varna, désolé par un fléau implacable, le bruit se répandit que les Sœurs étaient arrivées pour soigner les malades ; lorsqu'on eut aperçu à la porte de la baraque qui servait d'hôpital leurs robes grises et qu'on eut vu sur leur angélique figure ce doux sourire de mère qui console tant, les soldats s'écrièrent : « Nous n'avons plus peur ! car les Sœurs sont avec nous ! »

« Faites-moi transporter à l'hôtel de Toulouse, dit le général Renault à ceux qui le relevaient couvert de sang sur le champ de bataille de Champigny ; il y a là une bonne et sainte fille qui aura soin de moi. »

Cette « bonne et sainte fille » était une Sœur de charité. Six jours après, elle recevait le dernier soupir du vaillant général, qu'elle avait soigné avec la tendresse d'une mère.

Aussi les ambulances, où opérait cette glorieuse armée de la charité (1), ne désemplissaient-elles pas plus en 1870, que les hôpitaux de Gallipoli, de Péra, de Rachschi, de Mallipé, de Daoud-Pacha en 1854.

Elles étaient nombreuses cependant, les unes installées dans les établissements mêmes occupés par les Sœurs, les autres seulement desservies par elles.

M. de Lyden a nommé les congrégations qui à Paris, ont fondé ou entretenu des ambulances. Quel touchant catalogue !

Les Dames de Sainte-Élisabeth ;

Les Sœurs de la Charité de Saint-Vincent de Paul ;

Les Dames Bénédictines ;

Les Petites Sœurs des Pauvres ;

Les Dames de l'Adoration Perpétuelle ;

Les Carmélites ;

Les Sœurs de la Miséricorde ;

Les Dames Augustines ;

Les Sœurs du Bon-Secours ;

Les Sœurs de Saint-Thomas de Villeneuve ;

Les Dames de la Visitation ;

Les Dames du Sacré-Cœur ;

Les Dames Auxiliatrices ;

(1) Il y a en France deux cent mille Sœurs de charité. Aucune misère ne leur échappe ; elles ont des soins pour toutes les souffrances qui peuvent assaillir l'homme du berceau jusqu'à la tombe.

Les Dames de l'Abbaye-au-Bois;

Les Religieuses du Saint-Sacrement;

Les Dames de la Congrégation de Notre-Dame;

Les Sœurs de Saint-Joseph;

Les Dames du Sacré-Cœur de Marie;

Les Dames de Sainte-Clotilde;

Les Sœurs de la Doctrine Chrétienne;

Les Sœurs du Sacré-Cœur de Constance;

Les Sœurs de Saint-Charles;

Les Dames Ursulines;

L'Association de Sainte-Anne;

Et en province, qui donc pourra dire ce que les religieuses firent pour nos soldats! Personne assurément, car, pour le savoir, il faudrait aller frapper à la porte de tous les monastères et demander communication du livre d'or où sont inscrits les dévouements des membres de la congrégation. Or, ce livre, on ne le communique pas. Dieu a pris note au ciel des actions de chacune; la communauté a voulu garder le souvenir de quelques sacrifices plus héroïques que les autres pour servir de stimulant et de modèle à celles qui deviendront plus tard les servantes des pauvres. Cela suffit : le monde n'a pas le droit de savoir jusqu'à quel point on s'est sacrifié pour lui. Qu'il passe et qu'il ne revienne heurter à la porte de ces saintes maisons, que lorsque de nouveau il aura besoin de dévouements obscurs et d'immolations cachées. Alors, mais alors seulement, les portes se rouvriront devant lui!

Si l'on veut avoir cependant la preuve que les couvents de la province firent autant pour nos blessés que les couvents de Paris, qu'on lise cette réponse indignée d'un grand évêque à un journal calomniateur :

« Ce qui est vrai, c'est que quatre cents religieuses ont été et sont encore occupées à soigner vos blessés comme les nôtres. Je les ai mises à la disposition des autorités militaires pour vos propres ambulances, là où l'on a voulu. Les religieuses de la Visitation ont reçu à la fois jusqu'à deux cents blessés. Elles se sont démunies pour eux de tout, de leurs propres lits, de leurs couvertures, couchant, elles, sur la paille.

« Elles les ont veillés le jour et la nuit.

« Il y en a qui, par ces fatigues, sont mortes, et la supérieure a été deux fois aux portes de la mort.

« Au Sacré-Cœur, il y a encore, à l'heure qu'il est, près de deux cents blessés. Nos religieuses du monastère de la Charité, si pauvres, que, depuis quatre mois, elles sont obligées de prendre pour elles et pour leurs orphelines le pain à crédit, elles en ont eu jusqu'à cent quatre-vingt...

« Je ne nomme pas les Sœurs de la Sagesse, nos Sœurs gardes-malades, les Petites-Sœurs des Pauvres, les Ursulines, ni les Carmélites, *dont les supérieures sont mortes par suite des maladies contagieuses de leurs blessés* (1). »

_____

(1) Mgr Dupanloup. Lettre à la *Gazette de Silésie*.

En disant ce qui s'était fait à Orléans, Mgr
Dupanloup nous a laissé deviner tout ce qui s'est
fait ailleurs.

*
* *

La mort sur le champ de bataille se présente
entourée d'une auréole de gloire qui peut quelquefois faire oublier ses horreurs. Au chevet du varioleux, rien ne la voile ; elle est dans son effrayante
nudité, et, pour la braver, il faut plus que du
courage, il faut de l'héroïsme et de la sainteté.

Cette mort, les Sœurs de charité la bravèrent et
bien souvent elles en furent les victimes.

La petite vérole décimait certains régiments. On
résolut de concentrer autant que possible les soldats atteints par cette cruelle maladie dans l'hôpital
de Bicêtre, que dirigeaient les Sœurs de Charité.

Au bout d'une semaine, onze de ces héroïques
religieuses avaient payé de leur vie leur saint
dévouement.

La supérieure générale convoqua ses filles :

« Nos Sœurs sont mortes, dit-elle, il faut aller
les remplacer. — Que celles d'entre vous qui sont
prêtes à mourir s'avancent, car je ne veux pour ce
service que des volontaires. »

Trente-deux religieuses s'avancèrent et il fallut
choisir parmi elles celles qui les premières iraient
affronter la petite vérole.

A la fin du siège, 47 Sœurs de Charité étaient allées cueillir au ciel la palme de la victoire. Elles étaient toutes mortes en soignant leurs chers malades.

A Metz, le 2 octobre 1870, 22 autres Sœurs dont plusieurs avaient quitté pour entrer en religion une brillante fortune, étaient déjà tombées frappées par la mort au chevet des blessés.

La Sœur Saint-Héliodore à Clamecy, la Sœur Louise à Neuvy, et une foule d'autres encore furent emportées par le terrible fléau.

A Nevers, pendant six mois consécutifs, nuit et jour, les Sœurs de Charité soignèrent 3,000 varioleux, sans éprouver un seul moment de défaillance.

A Sedan, les hommes mouraient, les victimes s'entassaient et l'épouvante était telle que les infirmiers désertaient. Alors, deux Sœurs de l'Espérance s'offrirent à s'enfermer dans ce foyer pestilentiel. L'une d'elles, Sœur Saint-Hippolyte, n'en sortit qu'après le départ de tous les malades. Mais dans une autre ambulance se déclara la plus hideuse des maladies, la petite vérole noire, purulente, infecte !

La Sœur Saint-Hippolyte, exténuée par sa première station au milieu des malades, sollicita comme une grâce d'aller soigner ces nouveaux pestiférés.

« — Il est, dit-elle à la Supérieure, une place que j'ambitionne et que vous ne me refuserez pas.

De grâce, permettez-moi d'aller à l'ambulance du pont de Maugis.

« — Partez, ma fille, lui répond la Supérieure en la bénissant. »

Elle partit, allant à la mort le sourire aux lèvres. Jusqu'à la dernière minute, elle resta dans ce foyer de pestilences mortelles.

A quelque temps de là, Sœur Saint-Hippolyte se trouvait à Blois; elle fut invitée à se rendre à l'évêché. Elle y trouva le chapitre assemblé et l'évêque lui remit solennellement un brevet d'honneur qui lui était adressé par le Président de la République (1).

A Neuvy, sur la Loire, la variole bleue, la fièvre typhoïde et le typhus faisaient tant de ravages parmi nos troupes que, là aussi, les infirmiers militaires, préférant tomber sous une balle en face des Prussiens, refusaient presque le service.

Le chirurgien-major lui-même était contraint, lorsqu'il faisait sa visite aux varioleux, de sortir de la salle jusqu'à dix fois, pour aller respirer un peu d'air pur et s'arracher à une douloureuse suffocation.

Seule, une Sœur restait jour et nuit dans cette atmosphère empestée.

Cette Sœur s'appelait la Sœur Léocadie, et son dévouement fut à tel point héroïque que l'armée la

_____

(1) H. Rouy, *Sedan pendant la guerre et l'occupation.*

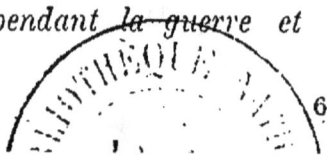

6

vit mettre à son ordre du jour, dans les termes suivants :

« La Sœur Léocadie Labatut, Sœur de Charité de Nevers, est mise à l'ordre du jour de l'armée.

« Par cette distinction, le général ne prétend pas récompenser la Sœur Léocadie Labatut, dont la conduite est au-dessus de toute récompense; il veut seulement remercier, au nom de l'armée, qu'il commande, la femme qui, depuis un mois, expose chaque jour sa vie pour soigner nos malades et nos blessés.

« Neuvy, le 7 janvier 1871. »

L'aide de camp qui vint remettre à la Sœur de Charité copie de cet ordre du jour, la trouva dans la salle des varioleux. Il eut à peine mis le pied dans cette salle, que, suffoqué par les exhalaisons fétides des malades, il dut sortir en toute hâte pour ne pas tomber à la renverse.

La Sœur Léocadie continua à donner ses soins aux soldats et, comme le capitaine sur son vaisseau, au moment du péril, elle ne quitta l'ambulance que la dernière, lorsqu'il n'y eut plus de malades à y soigner, plus de danger à y courir.

*
* *

La Sœur de Charité parut aussi sur les champs de bataille et souvent elle y versa son sang.

Dès les premiers engagements, elle tombait à côté
de nos soldats. Le soir du combat de Forbach,
quand on releva les morts, on trouva, la main dans
la main glacée d'un de nos braves, une religieuse
qu'une balle avait frappée en plein front. La mort
l'avait surprise dans l'exercice de ses héroïques
fonctions. Un peu plus loin, la supérieure des
Sœurs de la Providence du Peltre avait été tuée
par une bombe prussienne : c'était une martyre de
plus.

Ce même jour, 6 août, une partie de l'armée
de Mac-Mahon était en retraite : l'autre était restée
dans les champs de Reischoffen pour ne se plus
relever jamais. Au milieu des soldats marchait
une religieuse, jeune et timide ; elle avait passé sa
journée entière à soigner les blessés et, dans cette
retraite, elle était accablée de fatigue et de terreur.
Mais elle surmontait sa fatigue aussi bien que ses
terreurs, pour rester quand même fidèle à la
charité. Tout à coup, au milieu du sifflement des
boulets et des balles qui fendent l'air, elle entend
derrière elle un cri d'angoisse déchirant. C'est un
soldat qu'un éclat d'obus vient de jeter tout couvert de sang sur la terre.

La Sœur de Charité, va vers lui, s'agenouille et
cherche à le panser de son mieux. Mais, tandis
que, de sa bonne douce voix, elle lui dit : « Courage », elle s'affaisse elle-même, et demeure étendue dans une mare de sang. Un boulet lui avait
emporté les deux jambes.

Pendant toute la campagne les religieuses firent preuve de la même intrépidité.

« J'étais blessé à Gravelotte, dit un vieux sergent-major, au milieu de soldats morts et de malheureux expirants... Je me demandais si j'allais mourir comme tant d'autres... quand à quelques pas de moi j'aperçus penchée sur la terre humide de sang une religieuse...

« Elle était agenouillée auprès d'un blessé, qu'elle pansait en lui adressant des paroles de consolation et d'espérance...

« J'allais l'appeler à mi-voix, quand tout à coup je vois un uhlan arriver au galop de son cheval... De la main gauche, il tenait une lance, de l'autre un sabre nu...

« Quand il fut tout près de la Sœur, il lui adressa dans un français tudesque des paroles menaçantes.

« La sainte femme se redressa et, s'appuyant de la main sur l'arçon de la selle, montra le blessé :

« —Vous le voyez, dit-elle, je soigne cet infortuné.

« Le uhlan fit reculer son cheval comme s'il eut craint d'être arrêté par cette femme, et, faisant tournoyer son sabre, il abattit d'un seul coup le poignet droit de la malheureuse.

« La martyre poussa un gémissement et tomba sur le sol auprès du blessé...

« Je m'évanouis... Qu'est devenue la sainte mutilée?... Je l'ignore » (1).

_____

(1) _Les Sœurs de charité_, par E. M. de Lyden, 136.

« Pauvre Sœur Sainte-Claire, disait un officier de l'armée du Rhin, en parlant d'une Trinitaire, je la vois encore avec son grand voile noir, doublé de bleu, foulant la paille sanglante de notre ambulance, insensible au canon qui grondait, à l'incendie des dernières maisons du village, qui projetait ses lueurs sinistres sur nos visages, mais comme elle entendait la moindre plainte échappée à l'un de nous !

« Partout et à tous en même temps ! Quelle force Dieu avait mise dans ce petit corps ! On ne l'avait pas encore vue qu'on sentait déjà devant ses lèvres la boisson rafraîchissante qu'on n'avait pas même le courage de demander. On entr'ouvrait des yeux alourdis par la fièvre, et l'on voyait ce visage fin et sympathique, un peu marqué par la petite vérole, mais si souriant, si tranquille, si résolu en même temps, qu'on oubliait et sa souffrance et les Prussiens dont la fusillade éclatait à quelques pas, et l'incendie qui menaçait à chaque instant de dévorer la grange qui nous servait d'asile. Bonne Sœur, devant Dieu, où vous êtes maintenant, victime volontaire de votre cœur et de votre foi, vous devez entendre les prières et les actions de grâce de ceux qui, vivant, se souviendront éternellement de vous, ou qui, morts, vous ont dû de s'endormir du sommeil éternel avec calme, avec espérance !

« C'était le 16 août 1870, le soir d'une de ces batailles que l'histoire aura à enregistrer comme

une des plus sanglantes; les blessés arrivaient en
foule. On déposait dans une grange de Rezonville
tous ceux que l'intensité de leurs souffrances em-
pêchait de transporter plus loin; les premiers bras
que l'on voyait tendus vers soi, c'étaient ceux de
cette petite femme noire, le sourire aux lèvres, les
larmes dans les yeux; à deux pas du champ de
bataille et de l'énervement de la lutte, à deux pas
de la place boueuse et sanglante où l'on avait cru
mourir comme tant d'autres, quel soulagement
immédiat que celui de cette charité qui panse à la
fois et vos blessures et surtout votre anéantissement moral !

« Pauvre Sœur, pour puiser l'eau que cinquante
voix déchirantes réclamaient à chaque instant, il
fallait aller sous la mitraille, et toutes les cinq
minutes vous sortiez avec vos deux bidons, et vous
rentriez aussi sereine, aussi tranquille.

« Le lendemain, notre armée si vaillante, qui
venait pendant quinze heures de lutter contre des
forces triples, après avoir couché sur le champ de
bataille, se repliait sur Metz. On évacuait toutes les
ambulances à la hâte, car l'armée prussienne, qui
n'avait pu entamer nos positions de la veille, nous
suivait pas à pas. Les blessés, enlevés précipi-
tamment, s'encombraient dans les fourgons et sur
les cacolets.

« Que de cris, que de douleurs, que de souffrances, et pourtant, pauvre Sœur, vous trouviez
moyen, vous qui depuis quarante-huit heures

n'aviez pas eu une seconde de repos, d'aller d'un bout à l'autre de cette sinistre colonne, d'apporter à l'un une goutte d'eau, à l'autre une bonne parole, de soulever de vos petits bras cette tête qui s'incline, de replacer dans une position moins pénible ce malheureux, amputé de la veille, et qui, dans une heure peut-être sera mort ! puis vous êtes partie sur le dernier cacolet.

« Hélas ! à peine une demi-lieue plus loin, une balle venait vous frapper, soutenant encore contre votre poitrine le blessé placé de l'autre côté. Un escadron de uhlans coupait notre ambulance et nous faisait prisonniers.

« Pauvre Sœur, c'est par nos ennemis qu'a été creusée la fosse où vous dormez maintenant, au milieu de ceux auxquels vous avez prodigué les trésors de votre âme, et, de ceux qui survivent, aucun probablement ne saura jamais quelle était cette petite Trinitaire, qui avait nom en Dieu Sœur Sainte-Claire, ce rêve de charité entrevu au milieu d'une longue nuit d'agonie.

« Vous reposez obscurément dans un sillon perdu de la Lorraine, mais votre souvenir restera vivant jusqu'au dernier jour dans tous les cœurs que vous avez soulagés (1) ! »

Un officier racontait au général Ambert qu'il avait rencontré du côté de Châlons, marchant vers Paris, une Sœur de charité et un soldat. Celui-ci

(1) *L'Héroïsme en soutane*, 191.

était aveugle par suite d'une blessure à la tête. Les Prussiens l'avaient abandonné sur la route, et ses camarades, conduits en captivité, n'avaient pu le secourir. Les portes s'étaient fermées devant le soldat mutilé, et le malheureux, couvert de l'uniforme français, avait dû mendier un morceau de pain pour vivre, un peu de paille pour dormir.

« Il serait mort au carrefour du chemin, sans la Sœur de charité.

« Le mérite de la pauvre fille fut grand cette fois, car le soldat était ce qu'à l'armée on nomme *une pratique*. Au terme d'une carrière fort orageuse, passée en Afrique aux compagnies de discipline, le soldat n'avait aucun parent et ne possédait aucun bien. D'un caractère violent, d'une humeur difficile, il semblait repousser toutes les sympathies.

« La Sœur de charité prit cet homme par la main pour le conduire aux Invalides, où, disait-elle, il trouverait un asile.

« Tous deux marchaient à pied le long du chemin, lui, sombre et silencieux, elle, soutenue par la charité. La Sœur demandait des secours pour son soldat; elle le nourrissait de la meilleure part, et se faisait la servante de ce pauvre.

« Les étapes succédaient aux étapes; on marchait sous la pluie et dans la neige; on se contentait de peu, on souffrait, et le soldat se plaignait souvent. La Sœur lui rendait le courage en le faisant rougir de sa faiblesse.

« Peu à peu elle lui parla de Dieu, elle lui parla d'une autre vie, et cet homme qui ne voyait plus, se prit à écouter. Par une belle matinée, l'aveugle fit observer qu'il entendait le chant des alouettes; il s'arrêta pour écouter, et un rayon de lumière passa sur le front du vieux soldat.

« Alors la Sœur le fit agenouiller.

« Vous eussiez vu sur cette grande route cet homme bronzé par la guerre, endurci par les excès, sans croyances, sans foi et presque sans pensées. Il était là, le front levé vers le ciel qu'il ne voyait plus, les mains jointes, son bâton et son képi dans la poussière près de son sac, et debout devant lui la Sœur de charité lui faisait répéter sa première prière; le vétéran disait : « Notre Père, qui êtes aux cieux... »

« Deux larmes glissaient sur les joues pâles de la Sœur.

« Elle venait de rendre une âme à Dieu.

« Depuis ce jour la conscience du vieux soldat sortit de son long sommeil. Il comprit l'acte de la Sœur. Remontant de cet acte à celui qui l'avait inspiré, il s'éleva jusqu'à Dieu.

« Pendant une nuit, le soldat dormait sur la paille d'une grange, tandis que la Sœur avait été recueillie par une gouvernante de curé de campagne. La sœur passa la nuit en prières.

« Le lendemain, ils se remirent en route. La Sœur était pensive et le soldat murmurait une prière. Pour prendre un instant de repos, on s'assit au bord d'un fossé.

« Alors la Sœur dit au soldat : « Vos yeux n'ont pas été directement atteints par la blessure. Au milieu de ces ambulances, les médecins n'ont pu que cicatriser la plaie de la tête... Je n'ose vous donner un espoir qui n'est peut-être qu'un rêve; mais j'ai formé un projet. Au lieu de vous conduire aux Invalides, je vous mènerai près des meilleurs chirurgiens, chez les meilleurs oculistes de Paris, et je les prierai à genoux de vous donner leurs soins, pour l'amour de Dieu, et aussi par patriotisme.

« Si le bon Dieu vous rend la lumière, soyez bon chrétien le reste de votre vie. Me le promettez-vous? »

« Le vétéran tomba à deux genoux le front dans la poussière. Il resta longtemps prosterné sans prononcer une parole, et des sanglots agitaient tout son être.

« Dieu vit les deux voyageurs et laissa tomber sur eux son regard.

« Dans cette solitude des champs, loin de la demeure des hommes, une pauvre femme faisait la charité.

« Trois mois après, le miracle de la charité était accompli.

« Le soldat avait recouvré la vue. La Sœur, rentrée dans l'école, enseigne à lire aux petites filles des paysans (1). »

_____

(1) *L'Héroïsme en soutane.*

Et, si la congrégation à laquelle elle appartient n'est point reconnue, demain cette Antigone chrétienne sera chassée de son école, parce que « son enseignement n'est pas assez français ! »

V

Les élèves des collèges religieux

M. Gambetta a dit un jour, en parlant des fils de la France catholique :

« Quand vous aurez à faire appel à l'énergie d'hommes élevés par de tels maîtres (les religieux), quand vous leur parlerez de leurs devoirs de citoyens, quand vous voudrez exciter en eux les idées de sacrifice, de dévouement à la patrie, vous vous trouverez en face d'une espèce humaine amollie et débilitée ! »

D'un autre côté, un vieux et brave soldat s'écriait, il y a quelques mois à peine, dans un conseil public (1) où siégeait M. Jules Ferry lui-même :

« Dans mon assez longue carrière militaire, j'ai eu sous mes ordres, dans diverses circonstances, de jeunes officiers qui avaient été élevés dans des maisons religieuses, et en particulier dans celles

_____

(1) Conseil général des Vosges.

dirigées par les RR. PP. Jésuites, et je ne puis assez
dire combien j'ai été frappé de l'élévation de leurs
sentiments et de leur caractère, de leur respect de
la discipline et du devoir, de leur entier dévouement et de leur patriotisme à toute épreuve...

« Depuis cette époque j'ai pu voir de près ces
religieux qui sont sans cesse en butte aux attaques
de certains écrits que je ne veux pas qualifier et
que vous connaissez comme moi ; j'ai pu voir à
l'œuvre ces prêtres que l'on prétend traiter en
étrangers, et pour résumer en quelques mots l'im-
pression qu'ils m'ont laissée, je vous déclare que
j'aurais la conviction d'adresser à chacun de vous
l'éloge le plus complet et le plus flatteur si je lui
disais qu'il est aussi Français qu'eux. »

De ces deux hommes qui devons-nous croire?
Les morts eux-mêmes vont répondre.

*
* *

Il est un livre que nous voudrions voir résumer
en quelques pages et tirer à cent mille exemplaires.

Ce livre s'appelle : *Souvenirs de l'École Sainte-
Geneviève* et ne se compose que de brèves notices
sur quelques élèves tués à l'ennemi. Mais il révèle
tant d'héroïsme qu'il est impossible de ne point
être ému jusqu'aux larmes en le lisant, et que, si
on le connaissait en France, les maîtres de pareils

élèves seraient acclamés par tous, autant qu'ils
ont été méconnus et calomniés jusqu'ici.

Oh! c'est que, bon gré mal gré, l'héroïsme
parle à un cœur français et le fait palpiter bien
fort, et que, nous le répétons, tous les jeunes
gens dont ce livre raconte la courte vie et la mort
glorieuse étaient de véritables héros!

Ils étaient de naissances diverses et de pays
différents, mais ils avaient tous reçu la même éducation, et nobles et bourgeois, Bretons ou Proven-
çaux, tous ils tombaient sous la mitraille comme
tombent des soldats chrétiens.

Peut-être ces lignes passeront-elles sous les
yeux du père ou de la mère de quelqu'une de ces
généreuses victimes; peut-être, en les parcourant,
sentiront-ils leurs plaies se rouvrir et leurs blessures saigner de nouveau. Mais nous n'hésitons
point cependant à nommer ces vaillants qu'une
balle prussienne a ravis à la patrie, parce que
nous sommes sûrs qu'en les pleurant, leurs familles elles-mêmes seront fières d'eux.

Ils furent si beaux, ces vieux pères qui, ne
pouvant plus voler à l'ennemi, y envoyaient leurs
fils, après les avoir bénis et leur avoir dit ces
simples mots : « Fais ton devoir! » — « J'adore
presque Fernand, écrivait l'un d'eux, eh bien! Je
dirai au bon Dieu de le prendre, si sa mort doit
sauver la France. » — L'enfant fut pris, et la
France ne fut pas sauvée; mais, sans doute que
ce jour-là les anges préparèrent au ciel deux cou-

ronnes, l'une pour le soldat, l'autre pour le vieillard.

Et les mères! qu'elles furent grandes, elles aussi! Elles le furent tant, que leur abnégation arrachait des larmes à leurs enfants; et que ces héros qui allaient contempler la mort d'un œil sec, ne pouvaient pas regarder une lettre de leur mère sans pleurer!

L'un d'eux, Auguste de Nyvenheim, élève du collège des Jésuites de Toulouse, était sur le point de quitter Paris pour rejoindre l'armée du Rhin. Il court à la maison de la rue de Sèvres, se confesse et, quand il a fini, se jette au cou de son confesseur, en lui disant : « Eh bien! maintenant, père, est-ce que je puis mourir? — Dieu vous en garde, mon ami, répond le religieux; mais si le danger vous est fatal, mourez sans crainte; votre âme est prête. — Ah! que ma mère va être heureuse, ajoute alors le jeune soldat, qu'elle va être heureuse quand elle saura que j'ai fait une bonne confession avant le départ! Figurez-vous, père, que nous sommes trois enfants, tous les trois militaires, tous les trois à l'armée du Rhin, et ma mère nous écrit des lettres admirables de courage. Tenez, je viens d'en recevoir une aujourd'hui même; vous allez voir si on peut avoir une telle mère et n'être pas brave! »

Puis, ouvrant son uniforme, il allait montrer cette précieuse lettre qu'il portait sur son cœur, lorsque, se ravisant soudain, il la referma et dit avec un accent plein de résolution : « Non, père, non : cela vaut mieux ; je ne vous la lirai pas ; j'en serais trop ému et je ne veux pas ! »

Quelques jours après, le brillant officier chargeait à la tête de son peloton, à Gravelotte. — La moitié du régiment ne revint pas, et Auguste de Nyvenheim fut trouvé sur le champ de bataille, frappé d'un coup de lance à la gorge et d'un coup de feu à la jambe. Mais, comme il l'avait écrit dans une de ses dernières lettres : « Nous ferons notre devoir comme il convient à de bons Français, et, si Dieu veut nous rappeler à lui, la balle qui nous frappera ne frappera que de bons chrétiens, » le coup qui l'avait atteint, n'avait atteint qu'un bon chrétien.

A quelques pas du lieu où gisait Auguste de Nyvenheim, son frère, autre élève des Jésuites, avait été tué, en se portant au secours de l'un de ses camarades, démonté et entouré de six cavaliers ennemis. On l'enterra le soir auprès d'un grand bois, en présence de tous les officiers survivants du régiment ; car pas un seul de ces braves n'avait voulu se dispenser de venir rendre ce dernier hommage à cette victime du patriotisme et de l'amitié.

*
* *

Le capitaine Raymond Henry, du 3ᵉ Zouaves, venait d'être tué, en chargeant pour la quatrième ou cinquième fois les Prussiens à la baïonnette.

À cette nouvelle, son frère Paul, sans se laisser fléchir par les supplications de son père, ni par les larmes de sa jeune femme enceinte, s'engage dans les tirailleurs de la Gironde. L'apprentissage des armes ne fut pas long pour lui. Le 29 novembre, son bataillon reçoit à Varize l'ordre de marcher en avant. Paul arrête celui de ses amis qui se trouvait à sa droite : « Mon cher, nous nous sommes bien confessés, il faut renouveler notre acte de contrition et offrir notre vie à Dieu. Qui sait ce qui peut arriver ? » Aussitôt il s'agenouille, fait le signe de la croix et récite à haute voix devant toute la compagnie l'acte de contrition. Puis il se relève et s'élance hors de l'enceinte qui le garantissait du feu de l'ennemi.

Ses compagnons, déployés en tirailleurs, avaient soin de s'abriter derrière les troncs d'arbres pour mieux viser. Mais Paul Henry ne songeait pas à prendre tant de précautions. C'est à découvert qu'il chargeait et déchargeait son chassepot. En vain lui criait-on de s'arrêter et de s'abriter, il avançait toujours en répétant : « J'ai mon frère à venger. »

Quand il roula par terre, frappé d'une balle entre les deux yeux, il était si près de l'ennemi, qu'un officier bavarois, subjugué par tant de courage, n'eut qu'un pas à faire pour recevoir son dernier soupir. Paul était allé rejoindre au ciel. Raymond et un autre de leurs frères que Patay venait de voir mourir. Quelques jours après la douleur tuait le vénérable père de ces braves désormais réunis pour toujours.

— C'était à l'armée de la Loire. Le lieutenant Aubry s'était si magnifiquement conduit dans les précédentes affaires, qu'il avait été proposé deux fois déjà pour la croix, croix, hélas! que seul son cadavre devait porter dans le cercueil. Le 15 décembre, il avait installé ses trois pièces de canon sur un mamelon, en avant de Vendôme. « Les obus pleuvaient autour de lui sans l'émouvoir, nous dit celui qui a écrit le récit émouvant de ce dernier combat (1), un caisson saute, son second cheval est tué, sa capote transpercée, et, au milieu de la panique générale, tandis que les mobiles s'enfuient, il encourage ses soldats à tenir ferme. Vers cinq heures, un obus tombe sur un canon, tue roide le pointeur et blesse mortellement Georges à la jambe. On s'empresse autour de lui pour le transporter à l'ambulance; mais il s'y refuse, déclare qu'il quittera sa batterie le dernier

(1) Le R. P. Chauveau, *Souvenirs de Sainte-Geneviève,* t. I.

et sur le dernier attelage, et se fait placer sur un tas de pierres, d'où il peut encore commander le tir.

« Quand il est bien assuré que ses chers canons ne tomberont pas au pouvoir de l'ennemi, il se laisse conduire au hameau du Temple, dans une maison abandonnée. L'aide-major se présente pour faire un premier pansement. « Avant tout, lui dit-il, allez me chercher un prêtre. » Et ce n'est qu'après avoir rempli ses devoirs de chrétien, qu'il se laisse mettre l'appareil par le médecin. »

Réconcilié avec Dieu, le lieutenant Aubry ne songea plus qu'à consoler sa famille. Il lui écrivit ; mais comment lui faire parvenir la lettre ? La Providence s'en chargea. A côté de Georges, un officier allemand, le comte de Lütichau, se mourait. « Donnez-moi votre lettre, dit-il à Georges ; elle parviendra avec la mienne, soyez-en sûr ; car, moi aussi, j'ai à saluer des parents que je ne reverrai plus. » Et ces deux braves soldats qui la veille s'efforçaient de s'entre-tuer, se tendirent une main amie. Georges mourut, comme cet autre enfant, le lieutenant Robinet de Cléry, qui, blessé à mort et transporté dans une ferme convertie en ambulance, entend tout-à-coup le clairon résonner sous la fenêtre, se retourne plein de joie, s'écrie : « C'est une victoire ! » et expire en souriant. La mort, qu'était-ce pour eux, si la France était victorieuse !

— « Enfin, je suis soldat, écrit Antoine de Vésins

en arrivant au régiment... Je mourrai sur le
champ de bataille en faisant le signe de la croix...
Comme dès aujourd'hui, je rêve la poésie de la
guerre, les nuits passées à la belle étoile, les fatigues partagées avec le soldat, les bons rires en
face du canon... Puis la croix, l'épaulette ! Enfin,
mon âme remise à Dieu et mes vingt ans à la
France ! »

La guerre vient, Antoine de Vésins tombe mortellement blessé à son rang de bataille : « Mon
ami, dit-il alors à son sergent major qui le relève,
cache-leur bien ma mort. Mais, avant d'aller reprendre ta place, tourne ma tête du côté du combat, afin que je puisse voir si nous sommes victo-
rieux. » — Elève de la rue des Postes.

— « Ma bonne mère, écrit, le 26 juillet 1871,
Harold de Lastic, du camp de Châlons, nous avons
la fièvre, le cœur est en feu, et nous ne vivons plus
jusqu'à ce qu'une bonne leçon soit donnée à nos
ennemis ; nous jouerions vingt fois notre vie pour
assurer la victoire à la France. Il n'y a plus de
partis : Vive la France ! Tel est le cri qui s'échappe
de toute âme française. Nous voyons tout un peuple
mettre en nous sa confiance. Hé bien ! nous com-
battrons pour la soutenir et la justifier... Pour ma
part, je pourrai dire que le premier amour de ma
vie aura été celui que je connais depuis quelques
jours : celui de la patrie ! O ma mère ! quand je
pense à toi, je pleure et je vois tous mes camarades
en faire autant dès qu'on vient à parler de leur

mère! mais ne pleure pas, toi, ma plus chaude pensée, ne pleure pas ! car je crois que si je meurs, ce sera le cœur plein de généreuses effluves, et Dieu pardonnera les quelques fautes passées... » Elève des Jésuites de Toulouse. — Emporté par un boulet prussien.

Dans sa dernière lettre, écrite de Gravelotte, Emile Troy, le condisciple du brave de Lastic, disait à sa mère, en terminant : « Le clairon sonne, je vais combattre pour la France, je pars, ma bonne mère, pour où? Je l'ignore. » Il partait pour la mort, car, quelques instants après, il était frappé en pleine poitrine dès le début de l'action.

— « Au combat de la Malmaison, le 21 octobre, tombait René de Boysson. Avec son ardeur accoutumée, il poursuivait un drapeau prussien qu'il espérait saisir et rapporter à Paris. Capitaine adjudant-major à vingt-neuf ans, il voulait montrer qu'il ne tenait pas son grade de la faveur, avec laquelle il n'avait jamais voulu avoir rien à démêler. On retrouva son corps au milieu des rangs prussiens qu'il avait percés en enlevant ses hommes...

« Deux mois plus tard, son jeune frère Maurice imitait sa bravoure et se montrait digne, lui aussi, de sa bonne et forte race. Il était à Fréteval avec ses marins. Trois cents fusiliers de la marine sont surpris par un corps de cinq mille Prussiens. Même chez ces braves gens, il y a un moment d'hésitation. Le commandant, pour électriser ses hommes, s'élance en criant : « A moi, les officiers! » —

Maurice de Boysson bondit au premier rang ; lui et quatre de ses compagnons tombent criblés de balles ennemies ; mais l'honneur était magnifiquement sauf et le sang des forts était versé pour la France, en invoquant Dieu !

« Ici un souvenir douloureux m'étreint au cœur. Pendant que le vénérable père de ces jeunes gens envoyait au feu six de ses fils pour défendre, vous avez vu comment, la patrie envahie, on répandait çà et là, autour de sa demeure si connue des pauvres, et jusqu'au fond des plus paisibles campagnes, que ce noble et ce réactionnaire pactisait avec les Prussiens et vendait son pays !... C'était le temps où, ici même, les vaillants de la presse, embusqués derrière leurs cachettes glorieuses, attaquaient le patriotisme de nos vieilles familles, lorsque, pour ne parler que de celles de nos victimes, trois hommes du nom de Nyvenheim, quatre du nom de Trémolière, quatre du nom de Domenech, plus de dix du nom de d'Adhémar portaient les armes et étaient au feu ! L'histoire dira cela un jour ; elle dira que lorsque six enfants du nom de du Bourg étaient debout au champ d'honneur, des agents de la police inspectaient avec minutie leur foyer paternel comme une maison suspecte, et qu'on était bien près de traîner en justice leurs nobles pères comme de dangereux conspirateurs ! (1) »

---

(1) R. P. Roux, *Éloge funèbre des anciens élèves du collège Sainte-Marie de Toulouse, tués pendant la guerre.*

*
**

Quel magnifique officier encore que Renaud de la Frégeolière! Vingt-deux ans, et déjà professeur au *Borda* en même temps que capitaine commandant la première compagnie du premier bataillon de fusiliers marins, à l'armée du Nord. Sa compagnie est toujours au poste le plus périlleux. Au combat de Béhagnies, une batterie placée sur le plateau de Favreuil faisait d'effroyables ravages dans les rangs français. Ordre est donné à la Frégeolière de s'en emparer.

« — Allons, les enfants, crie-t-il à ses marins, en avant, c'est Dieu qui nous guide! »

La compagnie se déploie en tirailleurs et, entraînée par son jeune capitaine, elle gravit la pente sous un feu meurtrier. La batterie recule une première fois, elle recule encore. Quelques minutes de plus, et les marins cloueront les artilleurs allemands sur leurs pièces. Mais non, tout à coup deux escadrons, qui s'abritaient dans un pli du terrain s'élancent sur l'héroïque troupe, qui, surprise de ce choc inattendu, se trouble. Heureusement la Frégeolière est là, il rassure ses marins et on reçoit la charge de pied ferme. « Prisonniers, les marins, prisonniers, » vocifèrent les cavaliers prussiens qui ont enveloppé cette poignée d'hommes. « Marins, répond d'une voix vibrante l'intré-

pide la Frégeolière, marins, on ne se rend pas ! »
Et on commence une lutte désespérée, qui ne
prend fin qu'à l'arrivée d'un bataillon de chasseurs
volant au secours des marins.

La bataille est perdue, il faut se replier. La Fré-
golière veut le faire en bon ordre ; il réunit ses
hommes, mais déjà il ne peut plus se tenir debout.
Son sang coule à flots, car il a une balle dans le
bras et l'épaule fracassée : qui s'en serait douté à
le voir tenir aussi ferme ! Un de ses marins le
prend sur ses épaules et l'emporte. Comme il
ralentissait le pas pour ne point augmenter la
douleur de son bon capitaine : « Va, Maurin, va
donc, lui dit la Frégeolière, du courage ! Ce ne
sera rien ; j'en serai quitte pour une amputation. »
Au même instant, une balle le frappe au cœur et il
expire.

Encore une nature « amollie et débilitée » que
cet élève des Jésuites !

Et Edgard de Saisset, le camarade de Renaud
de la Frégeolière, au *Borda ?* « Monsieur et cher
amiral de mon cœur, écrit-il à son père, je mûris
sous le feu ; cela est beau, cela élève l'âme. Il me
semble que je deviens un brave garçon complet. Ce
soir, je prends possession de la plus belle batterie,
c'est-à-dire de la plus périlleuse. Déjà quatre tués
et douze blessés... Mes marins sont superbes. Vive
la France ! » — Coupé en deux par un éclat d'obus
au fort de Montrouge.

— « Adieu, mon cher ami, dit au milieu de la

fusillade le commandant de Rodellec à son lieutenant, je meurs comme mes frères pour mon pays et
frappé en face ! » Une balle en pleine poitrine au
combat de Droué.

— « Mère, vous savez ? J'ai une jambe en moins,
s'écrie le jeune prince de Berghes en apercevant
sa mère. Ah ! même au prix de l'autre jambe, je
n'aurais pas voulu demeurer inactif pendant cette
campagne ! Nous autres, nous sommes doublement
obligés, nous avons à servir la France et l'Église. »
Mort à Sedan.

A Gravelotte, le lieutenant Alphée Hainglaise
recevait, dans une charge de cavalerie, un coup
de sabre à l'épaule gauche, huit sur la tête, un au
côté gauche, deux à la main droite et un à la main
gauche. Mis à l'ordre du jour, il expirait quelque
temps après « en soldat et en chrétien. »

— « Mon pays vaut bien une jambe, murmure
Georges Bell, en tombant à Buzenval. Je suis heureux d'avoir souffert cela pour lui. » Mort quelques
jours après.

— « Soyez forte et courageuse, dit Charles de
Mons à sa mère en lui faisant ses adieux. Si je reviens, j'aurai la consolation d'avoir été utile. Si Dieu
en dispose autrement, je mourrai sans regrets,
heureux d'avoir fait mon devoir. » A Dreux, il se
tourne vers ses hommes et leur dit : « Mes enfants,
recommandons-nous à Dieu et en avant ! » Puis, il
tombe frappé d'une balle. — Entré le premier à
Saint-Cyr, au sortir de la rue des Postes.

— « Mes amis, dit le capitaine d'Épinay, je vous ai appris à combattre en soldats, je vais vous apprendre à mourir en chrétien... Portez armes! présentez armes! genou terre!... »

Puis après avoir reçu son Dieu en viatique devant sa compagnie agenouillée : — « Maintenant, enfants, debout, en avant, au feu ! »

Et Paul Odelin, qui écrit à sa mère : « J'ai la volonté bien arrêtée de me faire tuer, s'il le faut, en faisant mon devoir. Je ne demande que l'honneur de travailler au salut du pays. » Les Prussiens épargnèrent Paul Odelin, mais les partisans de la Commune le fusillèrent presque à bout portant dans l'odieux guet-à-pens de la place Vendôme.

Et Léopold Dat? — Foudroyé par une balle au front. « Chère petite sœur, venait-il d'écrire avant le combat, tu peux être sûre que je ne faiblirai pas et que toujours ma pauvre patrie me verra face à face à l'ennemi. *Etiamsi omnes, ego non.* »

Et le lieutenant Justin Garnier? A Auvours, trois fois il a ramené ses hommes à la charge quand il tombe frappé en pleine poitrine. Il a tellement émerveillé les officiers ennemis par sa bravoure, qu'ils viennent serrer la main du mourant et lui dire : « Brave officier ! Brave Français ! »

Et Robert Didio? « J'ai offert à Dieu ma vie pour la France ; maintenant je suis prêt à tout... Que je voudrais mourir frappé d'une balle prussienne ! » Son vœu fut exaucé à la Malmaison, et Dieu accepta une vie si généreusement offerte pour l'honneur du pays.

Et Ulric Stoffels? Il a obtenu à force d'instances d'être envoyé à la frontière. « On ne doit plus regarder à sa propre vie, écrit-il alors tout joyeux à sa mère, il faut au contraire en faire le sacrifice et se dévouer corps et âme pour défendre les droits d'une nation qui vous fait l'honneur de vous appeler à son service. » Tué à Noisseville.

Et le capitaine de Laumière? Il a vingt et un ans à peine : « Mon cher père, écrit-il, je vais me battre encore demain et peut-être le bonheur providentiel que j'ai eu les autres fois, m'abandonnera-t-il. Je ne veux pas vous quitter sans vous dire adieu. Ce sera d'ailleurs pour moi une force nouvelle de penser que mon dernier souvenir vous parviendra, si je succombe, et que vous saurez qu'il a été pour vous... Me voilà capitaine depuis bientôt un mois, deux fois cité à l'ordre, proposé pour la croix ; j'attendais de l'avoir pour vous écrire, dit-il à sa famille. Comme j'aurais été content de vous la rapporter à la fin de la guerre ! Enfin, tout est peut-être pour le mieux, mourant à ma majorité, j'aurai assez vécu, pour n'en pas abuser !

« Je suis obligé de vous redire encore adieu, et j'ai beau faire, je me prends à pleurer un peu en vous quittant.

« Dites à ma bonne sœur qu'elle ne me regrette pas trop ; je ne veux pas qu'elle soit triste. Si elle se marie, je désire qu'un de ses enfants porte mon nom tout entier ; c'est tout ce que je peux lui léguer...

« J'embrasse tendrement ma mère, en lui demandant pardon de tous les chagrins que je lui ai causés. Adieu. »

Puis, il se met en marche avec son régiment : « Je serai tué aujourd'hui, » dit-il à un ami en lui serrant la main, et il s'épargne si peu, malgré ces sombres pressentiments, que Buzenval le voit tomber avec dix balles dans le corps! C'est en s'élançant au secours de son commandant frappé d'un coup de feu au visage qu'il roule foudroyé par un feu de peloton.

Et Anatole Thierret? A Champigny, il a reçu dans le bas-ventre une balle qui l'a traversé de part en part. Un mois après, sa blessure à peine cicatrisée, il se traîne de nouveau à la bataille. Son capitaine, remarquant qu'il peut à peine marcher, l'engage à s'arrêter. « J'irai jusqu'au bout ou je mourrai à la peine, » répond-il, et il meurt à la peine, comme il l'avait dit.

Et le duc de Luynes, que le ministre félicite par dépêche (1)? Et Louis Guilloux qui, resté seul dans

_____

(1) « *Paris*, 5 septembre 1870, 8 h. 55 soir, n° 30,001.

« *Intérieur à duc de Luynes, château de Dampierre* (Seine-et-Oise).

« Recevez félicitations sur votre patriotisme au nom de la France en danger. Selon votre désir, nous chargeons le ministre de la guerre de délivrer à votre bataillon 1089 fusils. Venez. »

Au moment où la guerre éclata, le duc de Luynes, marié depuis trois ans et père de deux petits enfants,

un groupe d'ennemis, sauve l'étendard de son régiment? Et Guillon, qu'on relève à Loigny percé de
dix-huit balles? Et ce jeune lieutenant qui ne peut
retenir ses larmes, en racontant au Père de Bengy
que ses hommes, tous des recrues, ont lâché pied?
« Et cependant, ajoute-t-il en tirant une montre
d'or aplatie et brisée par une balle allemande, et
cependant j'ai bien fait mon devoir! » Et tant
d'autres encore!

Vouloir dire quelque chose, ne fût-ce qu'un mot,
de ceux qui figurent sur ce glorieux martyrologe
de la patrie serait trop long. Contentons-nous de
les nommer, en leur opposant les noms de quelques-uns des hommes qui nous gouvernent et qui
pour la plupart n'ont pas cru pouvoir mieux servir
la patrie à l'heure du danger, qu'en prenant d'as-
saut toutes les places. Des deux Frances, l'une alors
émargeait au budget (1), l'autre mourait à l'ennemi :

écrivait : « Je suis jeune, bien portant; la France a
besoin de tous ses fils pour la défendre, je ne puis rester
spectateur inactif de tant de désastres. Il faut partir,
c'est mon devoir. » Et il partit pour aller, comme tant
d'autres jeunes gens, arroser de son sang le champ de
bataille de Loigny. Son frère, le duc de Chaulnes, tomba
grièvement blessé à ses côtés.

(1) Traitements des procureurs généraux 15,000, 20,000
et 25,000 fr., suivant les cours; — des préfets 18,000,
25,000 et 35,000 fr., suivant les postes; — des ministres
de la défense nationale 50,000, 60,000 et 100,000 fr.,
suivant les appétits.

MEMBRES DU GOUVERNEMENT

AYANT EXERCÉ

DES FONCTIONS ADMINISTRATIVES

PENDANT LA GUERRE DE 1870

———

Chambre des Députés

L. Gambetta, ministre de l'intérieur et de la guerre (32 ans).

J. Ferry, membre du gouvernement, préfet de la Seine, maire de Paris.

Masure, directeur général adjoint du personnel au ministère de l'intérieur.

E. Spuller, secrétaire intime de M. Gambetta.

Dréo, secrétaire du gouvernement de la Défense nationale.

C. Sée, secrétaire général du ministère de l'intérieur (23 ans).

ÉLÈVES DES JÉSUITES

MORTS

SUR LE CHAMP DE BATAILLE

PENDANT LA GUERRE DE 1870

Ecole Sainte-Geneviève

Aubert (Henri), sous-lieutenant d'infanterie, tué à Thiais, près Paris, 20 ans.

Aubry (Georges), lieutenant d'artillerie, tué à Vendôme, 22 ans (chevalier de la Légion d'honneur).

Bain de la Coquerie (Joseph), sergent-major de mobiles, tué au plateau d'Auvours, 22 ans.

Morand (Paul), volontaire zouave, mort à Bussy Saint-Georges d'une blessure à Villiers-sur-Marne, 20 ans.

Roux (Guillaume), mort à Avignon, 20 ans.

Comte Bohrer de Kreuznach (Raoul), volontaire dans les francs-tireurs militaires de la Seine, tué à Bougival, 19 ans.

Dambricourt (Albert), volontaire vendéen, mort à Craon, près Paris, 20 ans.

Chambre des Députés

A. Proust, secrétaire au ministère de l'intérieur, à Paris.

Sénard, ambassadeur en Italie.

A. Gent, commissaire de la Défense et préfet à Marseille.

A. Daumas, commissaire de la Défense dans le Midi.

J. David, commissaire de la Défense pour les départements du Tarn, Tarn - et - Garonne, Gers et Hautes-Pyrénées.

Albert Grévy, commissaire de la Défense dans l'Est (gouverneur de l'Algérie).

A. Cochery, commissaire général de la Défense dans le Loiret (aujourd'hui ministre des postes et des télégraphes).

Barodet, adjoint au maire de Lyon.

Pierre Legrand, préfet du Nord.

Christophle, préfet de l'Orne.

Girot-Pouzol, préfet du Puy-de-Dôme.

J. Philippe, préfet de la Haute-Savoie.

Allain-Targé, préfet de Maine-et-Loire, commissaire de la Défense, préfet de la Gironde.

L. Latrade, préfet de la Corrèze.

Sadi-Carnot, préfet de la Seine-Inférieure (aujourd'hui sous-secrétaire d'Etat).

Ecole Sainte-Geneviève

Dat (Léopold), sous-lieutenant de mobiles, tué au combat de Sillé-le-Guillaume, 21 ans.

Domet de Mont (Edouard), sous-lieutenant d'infanterie, chevalier de la Légion d'honneur, blessé à la prise des buttes Montmartre, mort à Paris, 19 ans.

De la Bégassière (Stanislas), sous-lieutenant d'infanterie, tué à Floing, près Sedan, 21 ans.

Marquis de Bellevue (Jean), sergent des zouaves pontificaux, tué à Loigny, 20 ans.

Costa de Beauregard (Olivier), sous-lieutenant de lanciers, tué à Sedan, 21 ans.

Duférier (Maurice), sous-lieutenant d'infanterie de marine, tué à Sedan, 22 ans.

Vicomte de Bernard de la Frégeolière (Renaud), capitaine commandant une compagnie de fusiliers-marins, tué à Behagnies (bataille de Bapaume), 22 ans.

De Fromont de Bouaille (René), sous-lieutenant d'infanterie, tué à Villiers, 21 ans.

Bernardeau (Joseph), sous-lieutenant de mobiles, mort à Paris d'une blessure à l'attaque de la Maison-Blanche, près Choisy, 22 ans.

Baron de Boisayrault (Alfred), sous-lieutenant de chasseurs, tué à Sedan, 25 ans.

Bell (Georges), sergent-major, mort à Paris d'une blessure à Buzenval, 22 ans.

De Perran (Denis), volontaire de l'Ouest, mort à Mayenne, 20 ans.

Philip (Joseph), sous-lieutenant d'infanterie, tué sous les murs de Strasbourg, 21 ans.

Pison (Auguste), lieutenant de mobiles, mort à Beaugency, de ses blessures à Vernon, 22 ans.

De Laumière (Maurice), capitaine d'infanterie, tué à Buzenval, 21 ans.

Chambre des Députés

Martin Nadaud, préfet de la Creuse.

A. Duportal, préfet de la Haute-Garonne.

César Bertholon, préfet de la Loire.

Ratier, préfet du Morbihan.

Girerd, préfet de la Nièvre (aujourd'hui sous-sécré-
taire d'État).

Desséaux, préfet de la Seine-Inférieure.

P. Cotte, préfet du Var.

Poujade, préfet de Vaucluse.

G. Périn, préfet de la Haute-Vienne, commissaire
extraordinaire au camp de Toulouse.

P. Bert, secrétaire général de l'Yonne, préfet du
Nord.

Lisbonne, préfet de l'Hérault.

Cornil, préfet de l'Allier.

Cyprien Chaix, préfet des Hautes-Alpes.

Labadié, préfet des Bouches-du-Rhône.

Mestreau, préfet de la Charente-Inférieure.

Anglade, préfet de l'Ariège.

E. Mir, sous-préfet de Castelnaudary.

Jean Saint-Martin, conseiller de préfecture de Vaucluse.

Ecole Sainte-Geneviève

Vicomte de l'Estoile (Julien), lieutenant d'infanterie, tué à Loigny, 24 ans.

Landry (Amédée), lieutenant d'infanterie, mort à l'hôpital de Vesoul, 22 ans.

De Lupel (Robert), lieutenant d'infanterie, tué à Sedan, 22 ans.

Vicomte de Murat (Gaston), capitaine de mobiles, chevalier de la Légion d'honneur, tué à Paris (Buzenval), 22 ans.

Nouaux (Henri), sous-lieutenant de chasseurs, tué à Reichshoffen, 23 ans.

Chantron (Alphonse), maréchal des logis, blessé à Saint-Privat, mort à Berne, 23 ans.

Prince de Berghes (Pierre), sous-lieutenant de cavalerie et officier d'ordonnance du général Lebrun, mort à Bruxelles d'une blessure reçue à Sedan, 24 ans.

Dubruel (Charles), sous-lieutenant d'infanterie, mort à Briey d'une blessure reçue à Saint-Privat, 24 ans.

Guillaume (Edmond), ingénieur civil, puis sergent-major à la 2ᵉ compagnie du 4ᵉ bataillon du Loiret, mort à Orléans, 23 ans.

Hainglaise (Alphée), lieutenant de hussards, mort à Metz d'une blessure à Gravelotte, 24 ans.

Lepot (Lionel), lieutenant d'infanterie, mort à Paris d'une blessure à Montmély, 23 ans.

Langle (Emile), avocat, puis sergent de mobiles, tué à Loigny, 23 ans.

De Lardemelle (Maurice), sous-lieutenant d'infanterie, mort à Metz, 23 ans.

Ponchon de Saint-André (Emmanuel), maréchal des logis, chevalier de la Légion d'honneur, mort à Lure de blessures reçues près d'Héricourt, 23 ans.

De Saint-Jouan (Julien), lieutenant d'infanterie, mort de blessures au Bourget, 23 ans.

Chambre des Députés

M. Rouvier, secrétaire général de la préfecture, à Marseille.

Duclaud, sous-préfet de Confolens.

E. Rollet, sous-préfet de Saint-Amand.

Chevandier, sous-préfet de Die.

Maunoury, secrétaire général de la préfecture d'Eure-et-Loir.

Bousquet, sous-préfet d'Uzès.

Vernhes, sous-préfet de Béziers.

R. Brice, sous-préfet de Redon.

E. Buyat, secrétaire général de la préfecture de l'Isère.

G. Loustalot, sous-préfet de Dax.

Crozet-Fourneyron, secrétaire du préfet de la Loire.

A. Benoist, sous-préfet de Baugé.

E. Guillemin, sous-préfet d'Avesnes.

Louis Legrand, sous-préfet de Valenciennes.

J.-B. Trystam, sous-préfet de Dunkerque.

Devaux, sous-préfet de Saint-Omer.

J. Escanyé, conseiller de préfecture à Perpignan.

Talandier, sous-préfet de Rochechouart.

L. Andrieux, procureur à Lyon (aujourd'hui préfet de police).

Ecole Sainte-Geneviève

De Saisset (Edgard), lieutenant de vaisseau, tué au fort de Montrouge, 24 ans.

De Saisy (Charles), sergent de zouaves pontificaux, décoré de la croix de Mentana, mort à Châteaudun de blessures reçues près de Brou, 24 ans.

Duc de Luynes et de Chevreuse (Charles-d'Albert), capitaine adjudant-major de mobiles, tué à Loigny, 25 ans.

Vicomte de Malartic (Gontran), capitaine de mobiles, mort à Paris à la suite des fatigues éprouvées durant le siège, 23 ans.

Marchand (Henri), lieutenant de mobiles, mort au Mans d'une blessure à Parigné-l'Evêque, 22 ans.

Marguet (Joseph), lieutenant d'artillerie, tué à Gravelotte, 24 ans.

Mendousse (Fernand), sous-lieutenant du génie, tué à Paris (Saint-Denis), 22 ans.

Lecointe des Iles (Auguste), sous-lieutenant de chasseurs à pied, tué à Paris, 26 ans.

Marquis de Suffren (André), sous-lieutenant d'infanterie, tué à Reichshoffen, 25 ans.

De la Taille (Timoléon), officier d'artillerie à l'armée de la Loire, tué au combat des Roches, 27 ans.

Troy (Emile), sous-lieutenant d'infanterie, tué à Gravelotte, 25 ans.

Vicomte de Vergennes (Paul), sous-lieutenant de chasseurs d'Afrique, tué à Sedan, 27 ans.

Vicomte de Vesins, lieutenant d'infanterie, mort à Vionville de blessures à Gravelotte, 25 ans.

De Vilmarest (Henri), sergent-major de chasseurs à pied, mort à Metz de blessures à Gravelotte, 25 ans.

Viot (Henri), capitaine d'infanterie, tué à Mazangé, 30 ans.

Chambre des Députés

Varambon, procureur général à Besançon.

Thourel, procureur général à Aix.

Agniel, procureur général à Montpellier.

E. Millaud, avocat général à Lyon.

Lesguillon, procureur de la République.

Bouchet, substitut du procureur à Marseille.

Sénat

J. Favre, vice-président du gouvernement, ministre des affaires étrangères.

Crémieux, ministre de la justice, membre du gouvernement.

E. Pelletan, membre du gouvernement.

E. Arago, membre du gouvernement, ministre de la justice à Paris.

Magnin, ministre de l'agriculture et du commerce (aujourd'hui ministre du commerce).

Hérold, secrétaire du gouvernement et secrétaire général au ministère de la justice (aujourd'hui préfet de la Seine).

Ecole Sainte-Geneviève

Rérolle (Maurice), lieutenant d'infanterie, mort à Metz de blessures à Servigny, 26 ans.

Vicomte de Rodellec du Porzic (Antoine), lieutenant de chasseurs d'Afrique, tué en Afrique, 27 ans.

De Moloré de Saint-Paul (René), lieutenant d'artillerie, tué à Paris (Commune), 27 ans.

De Mondion (Léopold), sous-lieutenant d'infanterie, mort à Metz, de blessures à Gravelotte, 23 ans.

De Mons de Montchaton (Charles), capitaine de mobiles, tué à Dreux, 29 ans.

De Kergaradec (Robert), lieutenant d'infanterie, tué à la bataille de Wœrth, 25 ans.

Kerviler (Charles), capitaine de mobiles, tué à Droué, 27 ans.

De Bournet (Joseph), sous-lieutenant élève d'artillerie à l'école d'application de Metz, tué à Reichshoffen, 26 ans.

Boutin (Hippolyte), lieutenant de zouaves, tué à Reichshoffen, 27 ans.

De Boysson (Maurice), officier de marine, tué à Fréteval, 27 ans.

De Boysson (René), capitaine adjudant-major au 36ᵉ de marche, tué à la Malmaison, 28 ans.

Comte de Cepoy (Raoul), capitaine d'infanterie, tué à Sedan, 25 ans.

De Boissieu (Gustave), commandant le 5ᵉ bataillon de marche, tué à Orléans, 32 ans (chevalier de l'ordre militaire de Saint-Grégoire le Grand).

Du Bourg (Maurice), capitaine aux zouaves pontificaux, tué au plateau d'Auvours, 31 ans (chevalier de l'ordre de Pie IX).

Henry (Paul), volontaire, tué à l'armée de la Loire.

Sénat

De Freycinet, délégué au ministère de la guerre (aujourd'hui président du conseil et ministre des affaires étrangères).

Cazot (Jules), secrétaire général au ministère de l'intérieur (aujourd'hui garde des sceaux).

Testelin, commissaire de la Défense dans le Nord.

Challemel-Lacour, préfet de Lyon.

Charton, préfet de Seine-et-Oise.

George, préfet des Vosges.

Laget, préfet du Gard.

Lucet, préfet de Constantine,

Lamorte, sous-préfet de Montélimart.

Le Royer, procureur général à Lyon. .

Michal-Ladichère, procureur général à Grenoble.

E. Leblond, procureur général à Paris.

E. Vissaguet, procureur de la République au Puy.

Ecole Sainte-Geneviève

Henry (Raymond), capitaine de zouaves, chevalier de la Légion d'honneur, tué à Reichshoffen.

Comte d'Imécourt (Olivier), sous-lieutenant de chasseurs, mort à Paris des fatigues de la guerre.

Comte du Plessis de Grénédan (Auguste), capitaine d'artillerie, chevalier de la Légion d'honneur, mort à Rennes des fatigues de la guerre, 33 ans.

Le Pomellec (Ange), lieutenant d'artillerie, tué à Metz, 26 ans.

Barbereux (Georges), lieutenant d'infanterie, mort à Bruxelles d'une blessure reçue à Sedan, 28 ans.

Comte de Beaurepaire-Louvagny (Emmanuel), lieutenant d'infanterie, tué à Forbach, 27 ans.

Couturier (Lucien), lieutenant de chasseurs à pied, mort à Metz d'une blessure à Gravelotte, 27 ans.

Comte d'Adhémar de Cransac (Henri), capitaine d'artillerie, tué à Gravelotte, 32 ans.

Algay (Joseph), lieutenant d'infanterie de marine, tué au village des Ormes, près d'Orléans, 24 ans.

Dufour (Martial), sous-lieutenant de tirailleurs algériens, tué à Reichshoffen.

Migneret de Cendrecourt (Eléosippe), capitaine d'état-major, tué à Forbach, 29 ans.

Vicomte de Falaiseau (Henri), capitaine de chasseurs à pied, tué à Chaffois, 29 ans.

De Nyvenheim (Auguste), sous-lieutenant aux lanciers de la garde, blessé mortellement à Gravelotte.

Baron de Nyvenheim (Bernard), volontaire cuirassier, mort à Mostaganem.

De Nyvenheim (Charles), lieutenant de chasseurs, tué à Gravelotte.

De Langle de Cary (Aldéric), lieutenant d'infanterie, tué à Reichshoffen, 27 ans.

8.

*
* *

Voilà ce qu'a fait *un seul* des collèges des Jésuites !

En 25 ans, il a donné aux écoles du gouvernement 2393 élèves (1). Pendant la guerre de 1870, 1093 d'entre eux étaient sous les drapeaux ; 86 ont été tués à l'ennemi, et 184 ont été décorés. Parmi

(1) Voici un tableau des succès obtenus par l'école Sainte-Geneviève de 1854 à 1879.

ANNÉES	ÉCOLE CENTR.	POLYTECHNIQUE	SAINT-CYR
1854-55	»	»	4
1855-56	3	»	4
1856-57	2	1	8
1857-58	1	3	10
1858-59	2	4	15
1859-60	4	10	26
1860-61	5	9	27
1861-62	6	10	42
1862-63	7	8	30
1863-64	8	13	50
1864-65	14	11	64
1865-66	16	19	55
1866-67	11	13	53
1867-68	22	27	52
1868-69	9	19	59
1869-70	19	25	81
1870-71	3	15	Pas de liste
1871-72	16	31	64
1872-73	14	35	71
1873-74	22	35	99
1874-75	18	39	81
1875-76	27	37	81
1876-77	31	30	93
1877-78	17	32	62
1878-79	8	36	72

En ajoutant à ces élèves les élèves reçus aux diverses écoles : Navale, Forestière, des Mines, on atteint le chiffre de 2393.

ces légionnaires, il y avait des officiers de vingt ans, comme Edouard de Mont.

Quant aux champs de bataille où ils sont tombés, on les appelle Wœrth, Freschwiller, Reichschoffen, Spickeren, Forbach, Gravelotte, Saint-Privat, Saint-Julien, Borny, Mars-la-Tour, Noisseville, Montrouge, Bougival, Le Bourget, Buzenval, La Malmaison, Loigny, Orléans, Droué, Vendôme, Brou, Varize, Fréteval, Montmédy, Dreux, Le Mans, Bapaume, Héricourt, Verdun, etc., etc... 41 plaines ou forteresses qui ont été rougies de ce noble sang !

Et, je le répète, il ne s'agit que des élèves d'une école !

Si nous ouvrions les martyrologes des autres collèges que de noms encore, et de beaux noms, nous trouverions :

A Metz : Louis et Charles Robinet de Cléry, Raymond, René et Gaston de Buyer, Ulric Stoffels, Léon Hanrion, Octave de Saint-Germain, Jules de Geoffre de Chabrignac, Camille de Gourjault, Maurice de Roménont, etc., etc...

A Amiens : Gabriel de Bonijol, Paul de Carbonel, Raymond de Groumard, Edouard de Laurès, Henry de Plas, etc., etc.

A Toulouse : Harold de Lastic, Fernand des Etangs, Jérôme Caillava, Emmanuel et Armand du Bourg, Louis d'Adhémar, etc., etc.

A Vaugirard : Romain Destailleur, Pierre de Lagrange, Alphonse de Lamandé, Gaston de Romance, Arthur Moisant, Fernand de la Rousserie, Charles de Gréban, Robert Wetch, etc., etc.

A Iseure près Moulins : Louis Bousset, Ajax Brunet, Gaston de Gouberville, Alexandre Josserand, Gabriel de Provenchères, Georges Sallé, Aristide Mellot, Michel de Vernières, etc., etc.

A Mongré : Charles de Beylié, Georges de Douglas, Henry de Jerphanion, Georges de Lafay, Antoine Depagneux, Maurice Douillet, Aimé Janson, Albert de Colignon, Alphonse de Surigny, etc.

A Vannes : Jacques de Bouillé, Charles et Xavier de Saisy, Ernest Olivier, Auguste de la Vieuville, Jules Moignant, etc., etc...

Il en serait de même à Avignon, à Bordeaux, à Dôle, à Montauban, à Poitiers, à Saint-Affrique et à Sarlat.

Mais les Jésuites n'ont pas le monopole de cette éducation patriotique. Tous les religieux sans exception l'inspirent à leurs élèves.

Arcueil a eu 6 élèves tués à l'ennemi ; Oullins, 9 ; Sainte-Marie de Tinchebray, 30 ; Juilly, 9 ; les Maristes, 15, et les Eudistes, 43.

Les blessés et ceux qui se sont distingués par quelque action d'éclat ne se comptent point : ils sont trop nombreux.

*
* *

Il y a cependant parmi eux des noms célèbres : de Sonis (1), Troussures, Charette. Les deux premiers appartiennent aux Oratoriens, Charette a été élevé par les Eudistes. Tous trois sont tombés à Patay, dans ce petit village, hier inconnu de tous, aujourd'hui, grâce aux zouaves, plus connu que le défilé des Thermopyles.

Mais que de sang a coûté à la France cette immortelle charge ! Le comte de Bouillé, son fils, son gendre sont là étendus sur la neige, le père et le fils tués, Cazenove de Pradines grièvement blessé. Dans ce fossé, ce zouave, c'est le comte de Verthamon. Pour voler au secours de la patrie, il a laissé sa femme enceinte et trois petits enfants ; c'est sur son cercueil que l'on baptisera dans deux mois son quatrième fils. Ici Traversay, Boischevalier, Vetch, Gastebois, Jean de Bellevue ; plus loin de Lagrange, de Suze, de la Brosse, du Bourg, de Villebois, Greban de Pontourny, et dans ce pli de terrain Houdet, qui a dit à sa mère en l'embrassant au moment du départ : « Il faut que chaque

(1) Le général de Sonis avait écrit, le 1er novembre : « En partant pour l'armée, je me condamne à mort ; Dieu me fera grâce, s'il le veut ; mais je l'aurai toujours dans ma poitrine, et vous savez bien que Dieu ne capitule jamais, jamais ! »

famille ait sa victime pour le salut de la France »,
et qui meurt maintenant en murmurant : « mon
cœur à ma mère, mon sang à la France, mon âme
à Dieu! »

Tous ou presque tous élèves de ces religieux
maudits dont l'éducation « débilite et amollit l'espèce humaine. »

L'histoire d'un pareil corps ne s'écrit pas à petits
traits. Chaque zouave mériterait presque une page,
depuis du Chêne de Thiennes, qui seul va, le pis-
tolet au poing, reconnaître un village occupé par
l'ennemi, jusqu'à l'adjudant-major Lallemand qui,
sur le plateau d'Auvours, essuye la décharge d'une
compagnie entière de Prussiens, les bras croisés,
la tête haute, et qui, avec une poignée d'hommes,
culbute après ces « maladroits », comme il les
appelle.

Pour se rappeler ce que les zouaves ont fait, il
suffit de nommer : Cercottes, où le Gonidec de
Traissan, avec 170 hommes embusqués dans un
bois, arrête les Bavarois et les empêche de prendre
l'armée à revers; Bellesme, où de Couëssin couvre
la retraite des soldats du général Jaurès débandés;
Patay, où Charette (1) force l'admiration des Prussiens eux-mêmes et où, de 300 zouaves qui s'étaient

_____

(1) Le général Chanzy avait demandé un grand commandement pour le général de Charette, dont mieux
que personne il avait été à même de reconnaître la brillante valeur et les hautes capacités militaires; M. Gambetta refusa :

élancés pour emporter Loigny; 218 restent sur le terrain ; et le Mans, où, suivant le général Chanzy, « les Volontaires de l'Ouest se montrent héroïques (1). »

Tous les généraux qui ont commandé aux zouaves leur rendent le même témoignage.

« Le 12 janvier, dit le général Gougeard (2) qui était à leur tête au Mans, les zouaves dont le bataillon ne comptait plus que d'héroïques débris, soutinrent la retraite ; certes jamais troupes plus braves ne portèrent plus haut dans ses malheurs le

---

« Bordeaux, 22 janvier 1071, 2 h. soir. N° 7,906. — *Délégué guerre à Gambetta.* Lille.

« Le général Chanzy m'a fait passer ce matin dépêche par Vazelle. Il demande :

« 1° : . . . . . : : ! . . : . .

« 2° Si, ce dernier objectif (Carentan) étant admis, il ne conviendrait pas de donner à Charette le commandement de tous les mobilisés Bretons, afin de faire de la Bretagne une nouvelle Vendée.

« ... Je n'ai pu répondre, parce que cela soulève des questions politiques que vous seul pouvez résoudre. — C. DE FREYCINET. » (*Enq. Dép.*, t. II, p. 465.)

« Lille, 24 janvier 1871, 8 h. 35 soir. N° 7,160. — *Ministre guerre à délégué Freycinet.* Bordeaux (chiffrée.)

« Je vous ai déjà écrit au sujet de Charette. Je ne demande pas mieux que de déférer aux désirs du général Chanzy et de donner à M. de Charette un commandement important de mobilisés, cinq ou six mille hommes. Mais je ne crois pas bon de constituer un grand commandement régional pour M. de Charette. — Léon GAMBETTA. » (*Enq. Dép.*, t. II, p. 475.)

(1) 2e *Armée de la Loire*, p. 315.

(2) Aujourd'hui conseiller d'État, 2e *armée de la Loire* p. 54.

drapeau de la France, et c'est une justice qu'aime à leur rendre celui qui les a vus à l'œuvre et qui regardera comme un éternel honneur d'avoir commandé à de pareils hommes. »

Dans sa déposition devant la commission d'enquête, ce général accentue encore cet éloge magnifique :

« Je n'ai pas besoin, Messieurs, de faire l'éloge des zouaves pontificaux. Je dois cependant dire que j'y ai trouvé des hommes d'une valeur... je ne voudrais pas dire héroïque, on a un peu abusé du mot, mais je ne crains pas de dire qu'ils le méritent. Ce sont des hommes qui se sont admirablement conduits. C'étaient des troupes offensives du premier ordre.

« Nous avons eu deux affaires excessivement dures : l'une à la Fourche, l'autre au plateau d'Auvours.

« Le général Chanzy a décrit ces deux journées dans son livre. Il s'agissait d'une division qui abandonnait une position d'où dépendait le salut de la bataille. Eh bien! nous les reprîmes avec les zouaves pontificaux qui étaient en tête de colonne; il y eut une charge très brillante. C'est là que j'ai été nommé commandeur.

« Ces zouaves pontificaux ont été admirables. Je ne sais pas exactement le chiffre exact de leurs pertes, mais sur neuf capitaines il en est revenu deux, et sur mille hommes, dans les deux engagements, j'en ai ramené 350. Ce sont là des chiffres que je ne puis affirmer d'une manière précise, mais c'est à peu près cela.

« Ils n'ont pas laissé dans les mains des Prussiens un seul prisonnier ; leurs pertes étaient toutes en tués ou en blessés (1). »

« Le général commandant la 3ᵉ division du 16ᵉ corps, dit un autre officier dans son ordre du jour, ne veut pas laisser partir les éclaireurs volontaires de l'Ouest, sans leur témoigner tout le regret qu'il éprouve de se séparer d'eux.

« Il se plaît à constater tout le zèle, l'intelligence et le courage avec lesquels ils n'ont cessé de remplir leur mission. Il espère que son souvenir régnera au milieu d'eux, comme ils pourront toujours être certains, en toute occasion, de son dévouement.

« *Le général commandant la 3ᵉ division,*
« DE CURTEN. »

L'amiral Jaurès (2) signe de son côté l'ordre du jour suivant :

« **Mayenne, 27 janvier.**

« ORDRE DU JOUR

« Officiers, sous-officiers et soldats des Volontaires de l'Ouest,

(1) Extrait de la déposition du général Gougeard. — *Le camp de Conlie*, p. 83.
(2) Aujourd'hui sénateur et ambassadeur de France en Espagne.

« Un ordre du ministre de la guerre enlève au 21ᵉ corps le 3ᵉ bataillon des Volontaires de l'Ouest.

« En me séparant de vous avec le plus profond regret, je tiens à vous remercier du courage, de la discipline et du dévouement dont vous avez toujours fait preuve.

« Dans nos combats comme dans nos marches, je n'ai jamais eu que des éloges à vous adresser, et vous étiez pour le 21ᵉ corps un exemple aussi bien qu'une force.

« Vous porterez ailleurs les nobles qualités qui ont élevé si haut votre réputation, mais vous conserverez, je l'espère, un souvenir d'affection et de confraternité d'armes pour le chef qui vous a commandés et pour les soldats avec lesquels vous avez combattu.

« *Le général commandant en chef le 21ᵉ corps,*

« *Signé :* JAURÈS. »

Et, quand l'heure du licenciement est arrivée, les zouaves ont l'insigne honneur de recevoir du ministre de la guerre un ordre du jour, qui, après la conscience du devoir accompli, a été sans doute leur plus haute récompense.

« Officiers, sous-officiers, soldats des Volontaires de l'Ouest, leur dit le ministre, au moment où la France a été envahie et accablée sous le poids des malheurs, vous n'avez pas hésité à venir lui offrir votre bras, votre cœur et le meilleur de votre sang.

« Partout où votre belle légion a combattu et principalement à Cercottes, à Brou, à Patay et au Mans, elle s'est distinguée au premier rang par son courage, par son dévouement et son élan devant l'ennemi, aussi bien que par sa discipline et son excellent esprit.

« Vous avez montré un noble exemple qui vous fait le plus grand honneur, ainsi qu'au vaillant général de Charette, votre commandant et votre guide. *L'armée vous en remercie par ma voix.*

« La Légion des Volontaires de l'Ouest va être licenciée, mais je me sépare de vous avec la profonde conviction que la France pourra toujours compter sur votre valeur et sur votre dévouement contre les ennemis du dehors et contre ceux du dedans.

« *Le Ministre de la guerre,*

« *Signé :* Général de CISSEY. »

Enfin, M. Gambetta lui-même, au lendemain d'une de ces batailles où les zouaves versaient leur sang à flots, ne peut s'empêcher de télégraphier au gouvernement de Paris que « les zouaves pontificaux se sont admirablement conduits (1). »

Rapprochez maintenant ces témoignages, peu suspects assurément, des télégrammes adressés à Bordone et aux volontaires de l'armée des Vosges, qui, eux, n'avaient pas été élevés par des prêtres

(1) *Dép. off.*, t. II, p. 272.

ou par des jésuites et, jugez-en vous-mêmes, des garibaldiens ou des zouaves, de la France catholique ou de la France athée, qui donc s'est le mieux battu ?

*
* *

Nous mettions la dernière main à ce travail. quand, dans le *Correspondant* (10 novembre 1879), nous avons lu :

« Partout, sans doute, il y a eu, j'aime à le dire, des traits de patriotisme, de dévouement et de courage. Mais où se présentent-ils en plus grand nombre ?

« Est-ce chez ces hommes qui, le 4 septembre, voyant la France, si malheureuse sur les champs de bataille, n'ont pas craint d'ajouter aux désastres de la guerre les désastres d'une révolution, et d'un seul coup, par l'installation violente d'un pouvoir nouveau, ont mis la France moins en état de faire la guerre et moins en état de faire la paix ? Est-ce chez ceux qui, insatiables d'émeutes et de révolutions, dans Paris assiégé et affamé, s'efforçaient de jeter à bas ce gouvernement même qu'ils venaient d'installer ! Est-ce chez ceux enfin qui, le lendemain de cette douloureuse, mais nécessaire capitulation, dans la crainte sans doute que la France ne se pacifiât trop tôt et ne se guérît trop vite, lui imposaient deux mois de guerre civile, accompa-

gnée d'assassinats et d'incendies ? Chez ceux, en un
mot, qui se sont le moins servis de leurs armes pour
défendre Paris et la France, et qui s'en sont le plus
servis pour les désoler ?

« Et d'un autre côté, quels sont ceux qui, non
pas seuls sans doute, mais enfin aussi déterminés
que personne, ont volontairement pris les armes
pour la France ? Ces zouaves pontificaux, qui, après
avoir presque seuls défendu Rome, sont venus
défendre la France, comme s'ils étaient prédestinés
à être la dernière espérance de ceux qui vont
mourir : ces volontaires, quel que fût leur nom,
gentilshommes, bourgeois, vendéens, royalistes,
impérialistes, peu importe, qui ont pris les armes
pour la France en république, parce que c'était
toujours la France ; ceux qui dans Paris ont non-
seulement combattu l'ennemi du dehors, mais aussi
réprimé l'ennemi du dedans, et cela, au profit de
ce gouvernement qu'ils n'avaient point fait : ceux
dont les baïonnettes ont défendu la personne des
dictateurs d'alors, ministres aujourd'hui et armés
en guerre contre leurs défenseurs d'autrefois ; ces
hommes qui ont défendu contre la révolution un
pouvoir né de la révolution, qui sont-ils ? Et, dans
un autre ordre de faits, s'il s'agit des secours aux
blessés, du courage de l'infirmier, égal en temps de
guerre au courage du soldat ; quel individu ou
quelle corporation a mérité ce prix de dévouement
que l'Académie, appelée à en juger, n'a trouvé à
décerner à d'autres qu'aux Frères de la Doctrine

chrétienne ? Et qui, en temps de paix ou en temps
de guerre, dans les villes ou les campagnes, est
plus sujet à fonder gratuitement des écoles, à
secourir gratuitement les malades, à assister les
pauvres, à élever les orphelins (1) ? Est-ce la
France athée ou la France chrétienne ? »

Et l'honorable académicien qui écrivait ces
lignes, le comte F. de Champagny, ajoutait :

« Considérez donc ces deux Frances, dont la
première prétend anéantir la seconde, dont la
seconde a par-dessus tout le désir de convertir la
première ; et demandez-vous sérieusement, en
regardant ce qui se passe autour de vous, en jugeant
par les faits et non par les phrases, ce que vaudra
au pays le triomphe de l'une, ce que lui vaudra
l'anéantissement de l'autre. »

Il y a dans ces deux passages toute notre thèse.

Nous reconnaissons que partout « des traits de
patriotisme, de dévouement et de courage » se sont
produits, et nous n'aurions même pas rappelé ceux
de notre parti, si l'on ne nous y eût forcé.

Mais on les a niés : nous les avons prouvés. On
a accusé la France chrétienne de trahison, nous
avons répondu en découvrant sa poitrine et en
montrant ses blessures.

Maintenant nous disons :

Si, comme vous le prétendez, il y a deux Frances,
la *vraie*, c'est la France chrétienne et non la

(1) V. *Pièces justificatives*, p. 323.

France athée ; car la France chrétienne a plus souvent que vous fait preuve de courage et elle ne s'est pas déshonorée par les actes de lâcheté et les forfaits dont un trop grand nombre des vôtres se sont à tout jamais souillés.

Et cependant, nous ne pouvons nous le rappeler sans qu'une poignante douleur nous étreigne, il n'y a pas six mois, la Chambre qui rouvrait la France aux complices des assassins des Olivaint, des Ducoudray et des Captier, chassait de l'école les maîtres des Charette, des Troussures et des Verthamon !

Aux yeux de ces hommes, le forçat amnistié est plus Français que l'officier décoré devenu jésuite, et ses crimes passés valent mieux que la vertu des saints !

PIÈCES JUSTIFICATIVES

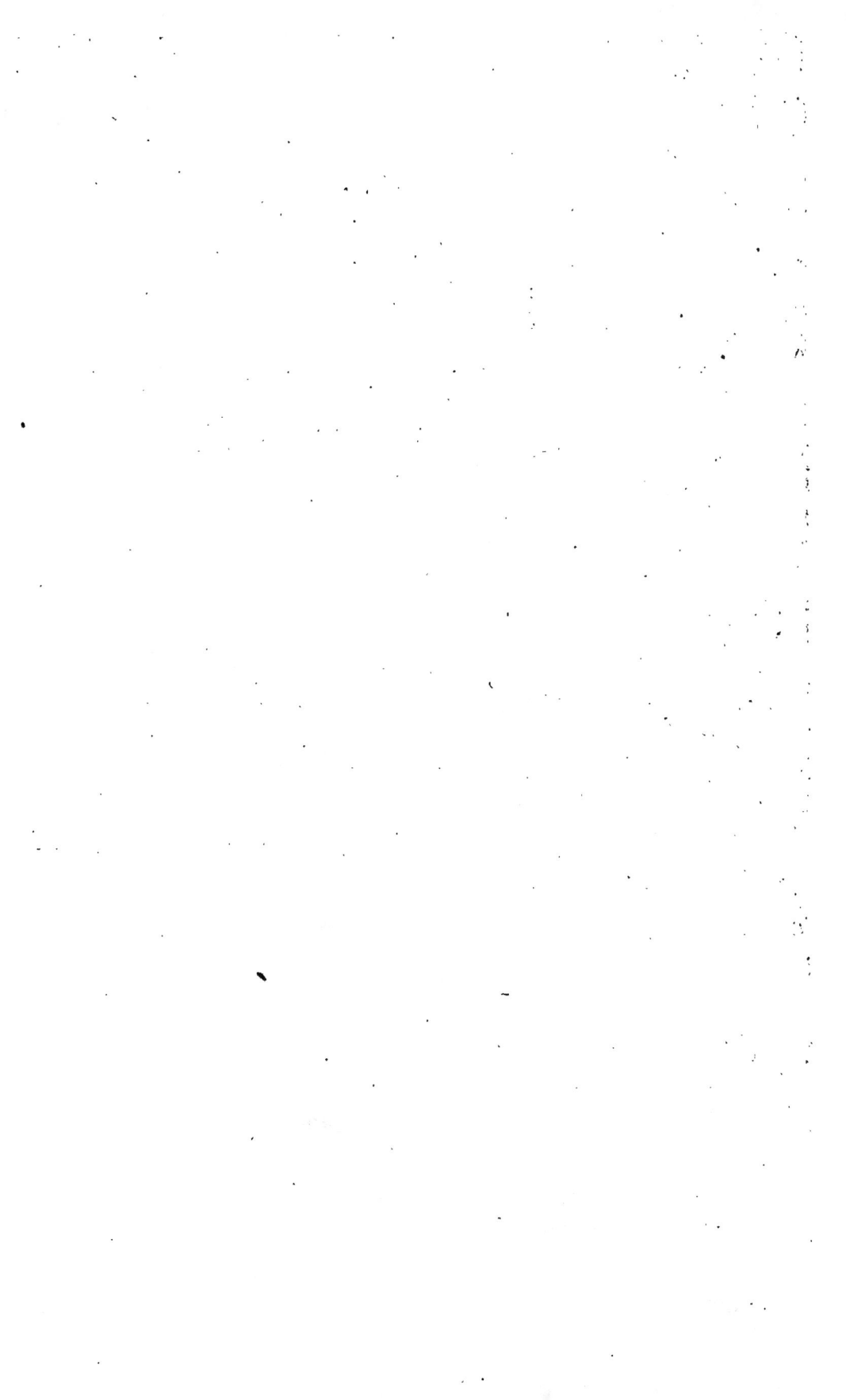

LES

ŒUVRES DE CHARITÉ CATHOLIQUES

A PARIS

Nous empruntons à la *Gazette de France* une liste des principales œuvres que la charité catholique a fondées et entretient à Paris.

On devinera aisément à cette lecture les bienfaits innombrables dont le pays est redevable à la France chrétienne.

ŒUVRES POUR L'ENFANCE

Association des mères de famille, pour secourir les femmes pauvres en couches.

OEuvre des crèches.

OEuvre de la crèche à domicile.

OEuvre maternelle de Sainte-Madeleine, crèche, asile, ouvroir.

OEuvre des dames patronnesses des salles d'asile, pour procurer des vêtements, des chaussures, des aliments aux enfants pauvres qui fréquentent les salles d'asile.

Ecoles primaires libres pour les garçons et les filles.

OEuvre de Sainte-Geneviève, pour fonder dans les paroisses de la banlieue de Paris des établissements à la fois religieux et charitables, et assurer des secours aux malades et l'éducation aux jeunes filles.

OEuvre des faubourgs, ayant pour but d'assurer aux enfants la fréquentation régulière des écoles.

Société charitable des écoles chrétiennes du VIIᵉ arrondissement. Cette Société a fondé un certain nombre d'écoles, en entretient et en subventionne d'autres et paye l'apprentissage des enfants les plus méritants choisis dans toutes les écoles libres ou municipales situées dans l'arrondissement.

Société charitable d'éducation et d'instruction primaire de Sainte-Clotilde, dont le but est le développement de l'instruction primaire dans la paroisse, l'administration et l'entretien des écoles libres et de la maîtrise et la fondation d'écoles nouvelles.

Orphelinats.

OEuvre de Mgr l'Archevêque de Paris, pour les orphelins de la guerre et de la Commune, sans distinction d'origine.

OEuvre de l'adoption pour les orphelins et les enfants dont les parents ont disparu ou ont été condamnés par la justice à un emprisonnement de plus de deux ans.

Société de patronage des orphelinats agricoles, dont le but est de fonder et de soutenir des asiles ruraux pour les enfants des deux sexes et de les y former à tous les travaux de l'agriculture.

OEuvre de Sainte-Anne, qui adopte des jeunes filles et pourvoit à leur éducation,

OEuvre des enfants délaissées, pour l'adoption, l'éducation et le placement des orphelines de mère.

OEuvre du rapatriement des orphelins délaissés, pour les renvoyer dans leur pays ou les élever dans un orphelinat.

OEuvre des catéchismes, pour fournir l'habillement des enfants pauvres de la première communion.

OEuvre de Notre-Dame de la première communion et des apprentis, fondée par M. l'abbé Roussel, à Auteuil, qui est aujourd'hui connue de tout le monde.

OEuvre de la première communion des ramoneurs et fumistes, pour les préparer à la première communion et les habiller pour cette cérémonie.

OEuvre des petits ramoneurs et des jeunes fumistes, pour leur faciliter l'accomplissement de leurs devoirs religieux, leur assurer le bienfait de l'instruction élémentaire et subvenir à leurs besoins matériels.

Institutions charitables et orphelinats pour les garçons.

OEuvre de Saint-Nicolas, qui assure à un très grand nombre d'enfants, admis, les uns gratuitement, les autres moyennant une faible rétribution, l'instruction primaire et industrielle.

Asile école Fénelon, où les enfants sont admis de sept à dix ans et placés ensuite en apprentissage.

Orphelinat de Notre-Dame préservatrice, qui donne l'éducation primaire à un certain nombre d'enfants.

Maisons des orphelins de Saint-Vincent de Paul.

Orphelinat Saint-Louis.

Providence Sainte-Marie.

Orphelinat des Sœurs de l'Immaculée-Conception (du tiers-ordre de Saint-François-d'Assise).

Orphelinat Saint-Charles (XV° arrondissement).

Asile des petits orphelins (XX° arrondissement).

Le but de ces institutions est suffisamment indiqué par leur nom.

Institutions charitables et orphelinats pour les filles.

Maison de Notre-Dame des Arts, dont le but est de procurer aux filles qui ont eu pour pères des hommes recommandables par leurs travaux dans les professions libérales, l'éducation classique la plus élevée, ainsi qu'une éducation professionnelle et artistique qui les dote d'un art utile.

Orphelinat Saint-Roch,

Orphelinat des sœurs de Saint-Vincent de Paul. du 1er arrondissement.

Orphelinat de la Providence (1er arrondissement).

Orphelinat des Sœurs (1) du 2e arrondissment.

Orphelinat des Sœurs du 3e arrondissement.

Orphelinat des Sœurs, rue du Cloître-Saint-Merry.

Orphelinat des Sœurs, rue Sainte-Croix de la Bretonnerie.

Ouvroir externe et gratuit des religieuses auxiliatrices de l'Immaculée Conception, rue aux Ours.

(1) Par ce mot : Sœurs, nous désignons les Sœurs de Saint-Vincent de Paul.

Orphelinat Saint-Gervais, dirigé par les Sœurs de Saint-Vincent de Paul.

Orphelinat Saint-Louis.

Orphelinat des Sœurs, rue Fauconnier.

Orphelinat Sœur Rosalie Rendu.

Orphelinat des Sœurs, rue des Bernardins.

Ouvroir des religieuses de l'Immaculée-Conception, rue Lhomond.

Asile Sainte-Marie dirigé par Mlle Quillard.

Orphelinat Saint-Jacques-du-Haut-Pas.

Orphelinat Saint-Étienne-du-Mont.

Orphelinat de la Sainte-Famille.

Orphelinat de l'Enfant-Jésus.

Orphelinat des Sœurs de Saint-Joseph de Cluny.

Œuvre de l'Immaculée-Conception.

Orphelinat des Sœurs de Saint-Vincent de Paul, de la paroisse Saint-Germain des Prés.

Petite Œuvre de Saint-Germain des Prés.

Petite Œuvre de Saint-Sulpice.

Maison des Enfants de la Providence.

Orphelinat des Sœurs de la Présentation.

Orphelinat des Sœurs, rue de Vaugirard.

Orphelinat des Sœurs, rue Saint-Dominique.

Orphelinat Saint-Guillaume.

Orphelinat Sainte-Clotilde.

Maison de la Providence, rue Oudinot.

Maison des Filles de la Croix, rue de Sèvres.

Internat professionnel des religieuses de Notre-Dame de la Délivrance.

Orphelinat Saint-Augustin.

Orphelinat des Sœurs, rue de la Ville-l'Evêque.

Institution Saint-Louis, rue de Clichy.

Orphelinat des Sœurs, rue de la Rochefoucauld.

Orphelinat des Sœurs, rue Bossuet.

Orphelinat des Sœurs, rue des Petites-Ecuries.

Orphelinat des Sœurs, rue du Terrage.

Ouvroir des Sœurs des écoles chrétiennes, rue Servan.

Orphelinat des Sœurs, rue Oberkampf.

Ouvroir Sainte-Marguerite, rue Saint-Bernard.

Orphelinat du faubourg Saint-Antoine, dirigé par les Sœurs de Saint-Vincent de Paul.

Maison de la Sainte-Enfance, rue de Reuilly, dirigé par les Sœurs de l'Immaculée-Conception.

Providence de Sainte-Marie, rue de Reuilly.

Œuvre du Saint-Cœur de Marie, dirigée par les Sœurs des Ecoles chrétiennes, internat professionnel pour les jeunes filles.

Orphelinat Sainte-Elisabeth, dirigé par les Sœurs de la Charité de Nevers.

Œuvre Sainte-Rosalie, boulevard d'Italie.

Orphelinat des Sœurs, rue Jenner.

Orphelinat des Sœurs, rue Jeanne d'Arc.

Orphelinat des Sœurs des Ecoles chrétiennes, rue des Croisades.

Orphelinat-Ouvroir de Sainte-Marie place de la Mairie, 14e arrondissement.

Pensionnat-Ouvroir du Saint-Cœur de Marie, rue Perceval.

Orphelinat des Sœurs, rue de la Tombe-Issoire.

Orphelinat des Sœurs de l'Immaculée-Conception du tiers-ordre de Saint-François-d'Assise, rue de la Voie-Verte.

Orphelinat Saint-Charles, rue Blomet.

Orphelinat des Sœurs de Saint-Paul de Chartres, rue Violet.

Orphelinat des Sœurs, rue de Vaugirard.

Orphelinat des Saints-Anges, rue de Vaugirard, dirigé par les Sœurs de la Sagesse.

Orphelinat Saint-Pierre Saint-Paul, rue d'Auteuil, dirigé par les Ursulines.

Orphelinat Saint-Honoré, avenue d'Eylau, dirigé par les Sœurs de la Sagesse.

Orphelinat de la Présentation de Marie, rue Nicolo.

Orphelinat de Notre-Dame de Grâce, rue Raynouard.

Orphelinat des Sœurs des Ecoles chrétiennes, rue Brochant.

Petite Œuvre de Sainte-Madeleine, rue Jouffroy.

Orphelinat des sœurs de la Congrégation de Sainte-Marie, rue Salneuve et à Trappes (Seine-et-Oise).

Orphelinat des Sœurs, rue de Villiers.

Orphelinat des Sœurs, rue Durantin.

Orphelinat des Sœurs, rue Ordener.

Orphelinat des Sœurs, place de l'Eglise, à la Villette.

Orphelinat des Sœurs, rue de Meaux.

Orphelinat des Sœurs de Saint-Joseph de Bon-Secours, rue des Fêtes.

ŒUVRE POUR LA JEUNESSE

Apprentissage. Patronage. Ecoles professionnelles.

Œuvre des apprentis et des jeunes ouvriers. Cette œuvre est divisée en deux sections :

1° Associations de jeunes gens sous la direction

des Frères des Écoles chrétiennes. Cette œuvre surveille les associés pendant leur apprentissage, les secourt dans leurs maladies, complète leur éducation dans les écoles du soir; met à leur disposition, le dimanche, des salles de récréation, des jeux, une bibliothèque; les fait entrer dans des associations charitables et des sociétés de secours mutuels.

L'œuvre compte trente-et-une associations à Paris et dans la banlieue.

2° Patronage des jeunes ouvrières. Le but est le même que pour l'œuvre des jeunes gens. Une société de secours mutuels et une maison de convalescence pour les associées sont des annexes de l'œuvre, qui se compose de quatre-vingt-treize patronages à Paris et dans la banlieue.

Patronages des apprentis et des jeunes ouvriers de la Société de Saint-Vincent de Paul. Même but que pour les œuvres précédentes, sept patronages.

OEuvre de Saint-Jean, apprentissage de jeunes gens.

OEuvre des ouvriers et apprentis du papier peint, fondée par un fabricant, M. Riotat, et dirigée par les Sœurs.

OEuvre des apprentis, de l'abbé Roussel. On enseigne aux jeunes gens divers métiers : typographie, menuiserie, cordonnerie, serrurerie. La maison forme aussi des tailleurs, des jardiniers, des mouleurs.

OEuvre de la Providence Sainte-Marie, dirigée par les Sœurs, comprenant :

1° Une salle d'asile ;

2° Six classes primaires d'externes ;

3° Trois classes d'adultes garçons ;

4° Trois classes d'adultes filles ;

5° Une école professionnelle ;

6° Un orphelinat de jeunes filles où on reçoit les enfants de six à douze ans ;

7° Un orphelinat de garçons ;

8° Un patronage de 400 apprenties et jeunes ouvrières ;

9° Un patronage de 300 apprentis et jeunes ouvriers ;

10° Une maison de retraite pour de jeunes aveugles sorties de l'institution nationale et que leurs parents ne peuvent recevoir chez eux ;

11° Une réunion hebdomadaire pour les mères de famille et les vieillards des deux sexes.

Œuvre Sainte-Rosalie comprenant :

1° Œuvre des Alsaciens-Lorrains ;

2° Patronage de jeunes garçons ;

3° Ecoles primaires pour les filles ;

4° Ecoles professionnelles pour les filles ;

5° Patronage pour les jeunes filles de treize à vingt-cinq ans ;

6° Œuvre de la Sainte Famille ;

7° Bureau pour les légitimations des mariages, sous la direction des Conférences de Saint-Vincent de Paul ;

8° Visite et secours religieux aux malades du quartier ;

9° Œuvre spéciale pour les préparations à la première communion.

Œuvre générale des écoles professionnelles catholiques, qui entretient ou subventionne dix-sept écoles congréganistes et douze écoles laïques.

Ateliers chrétiens pour les jeunes filles de la paroisse de Chaillot, qui fournit aux jeunes filles les moyens de faire leur apprentissage.

ŒUVRES POUR LA JEUNESSE.

Association de secours et de placement des institutrices, chez les Dames de la Retraite, rue du Regard.

Œuvre des religieuses de Marie auxiliatrice, pour les institutrices.

Association pour les demoiselles employées de commerce; société d'assistance mutuelle pour la maladie, le manque de place, etc.

Œuvre de Marie Auxiliatrice pour les demoiselles employées de commerce.

Association des domestiques dites servantes de Marie, où elles trouvent un lieu de réunion et un asile quand elles sont malades ou sans place.

Œuvre de Notre-Dame Auxiliatrice pour les domestiques sans place.

Œuvre de Saint-Joseph, pour les domestiques hommes sans place.

Œuvre de Notre-Dame Auxiliatrice pour les jeunes ouvrières qui peuvent y loger et y prendre leurs repas, moyennant une pension très modique; elles y trouvent en outre une société de secours mutuels, en cas de maladie, de blessure et de chômage.

Œuvre de Notre-Dame de la Persévérance, pour les jeunes filles.

Œuvre de Notre-Dame de Bonne Garde, pour les

jeunes filles orphelines ou éloignées de leur famille.

Le but de ces deux œuvres est à peu près le même que pour celle de Notre-Dame Auxiliatrice.

Asile du Sacré-Cœur de Jésus, pour les jeunes ouvrières sans famille et sans ressources, qui y sont logées, nourries, chauffées, éclairées, moyennant 1 fr. par jour ; elles y travaillent à leur compte.

Patronage interne pour les jeunes filles, tenu par les Sœurs, rue de Monceaux, où les jeunes filles sont logées et nourries moyennant une faible rétribution.

Patronage interne de la rue Saint-Bernard, même but.

Patronage interne de la rue Malesherbes, même but.

Œuvre de Notre-Dame de Sion, pour les jeunes filles israélites qui demandent le baptême.

Société de patronage, pour le renvoi dans leurs familles des jeunes filles sans place et des femmes délaissées.

Œuvre de Notre-Dame de Bethléem, refuge provisoire pour les femmes et les jeunes filles sans asile.

Secours à domicile aux indigents, aux malades, aux blessés.

Société de Saint-Vincent de Paul. Cette société a des conférences dans presque toutes les paroisses de Paris ; ses membres visitent régulièrement les familles pauvres chaque semaine et leur portent des secours en pain, viande, bois ; veillent à ce que les enfants aillent à l'école et au catéchisme ; les placent en apprentissage, procurent du travail aux ouvriers, etc.

La Société a créé :

Des patronages d'apprentis.

Des associations de la Sainte-Famille.

Des fourneaux économiques.

Des caisses de loyers.

Le secrétariat des pauvres.

Un bureau d'avocats des pauvres.

Elle concourt à l'Œuvre des Tutelles.

Elle a fondé des vestiaires et des bibliothèques.

Elle a établi des comités pour la réhabilitation des unions illicites.

Associations de charité dans les paroisses. Dans presque toutes les paroisses de Paris il existe des associations de dames de charité, présidées par le curé, qui visitent les pauvres de la paroisse conjointement avec les Sœurs du quartier et leur distribuent les secours provenant des quêtes paroissiales.

Œuvre de la Miséricorde, pour secourir les pauvres honteux, c'est-à-dire ceux qui ont connu autrefois l'aisance.

Société de la Providence.

Œuvre de la Providence.

Œuvre des anciens militaires.

Fourneaux économiques de la Société de Saint-Vincent de Paul.

Œuvre de la Marmite des Pauvres. — Cette Œuvre et la Société de Saint-Vincent de Paul ont ouvert plus de trente fourneaux dans Paris et la banlieue.

Pansement et soin des malades, chez les religieuses de Saint-Thomas de Villeneuve, rue de Sèvres.

Œuvre des pauvres malades, fondée en 1617 par

Saint-Vincent de Paul, chez MM. les Lazaristes, rue de Sèvres, ayant pour but de visiter, de secourir et de soigner à domicile les pauvres malades.

OEuvre des pauvres malades dans les faubourgs, fondée en 1870. Cette œuvre a établi douze maisons de secours dans huit faubourgs.

OEuvre de la visite des pauvres malades dans les hôpitaux.

Visite des pauvres malades par les religieuses auxiliatrices des âmes du purgatoire.

OEuvre des dames de la Sainte-Famille pour la visite des pauvres malades.

OEuvre des gardes-malades des pauvres, dont le but est de soigner les pauvres malades à domicile, le jour et la nuit, sans rétribution. Les Sœurs gardemalades se mettent complètement au service des pauvres, soignent les enfants, font le ménage, la cuisine, font les courses nécessaires, soutiennent les malades par de bonnes paroles, de pieuses lectures et les préparent à recevoir dignement les sacrements.

Sœurs de Notre-Dame, qui soignent gratuitement les femmes indigentes en couches dans les V⁰, VI⁰, XIII⁰, XIV⁰ et XV⁰ arrondissements.

Vestiaires. Il existe dans un grand nombre de paroisses des associations composées de dames de la paroisse, qui confectionnent elles-mêmes des vêtements pour les pauvres.

OEuvre des Vestiaires, établie dans le but de venir en aide aux femmes malheureuses sans ouvrage. Ces femmes sont employées à la confection des vêtements qui sont mis à la disposition des indigents à un prix peu élevé.

HÔPITAUX GÉNÉRAUX.

Hotel-Dieu, fondé en 650 par saint Landri, évêque de Paris; desservi par les dames Augustines hospitalières.

Hôpital de la Pitié, fondé en 1612 pour les mendiants; Sœurs de Sainte-Marthe.

Hôpital de la Charité, fondé en 1602 par Marie de Médicis, confié par elle aux frères de Saint-Jean-de-Dieu ou de la Charité; desservi aujourd'hui par les Augustines hospitalières.

Hôpital Cochin, fondé en 1782 par M. Cochin, curé de Saint-Jacques-du-Haut-Pas; Sœurs Augustines de Sainte-Marie.

HÔPITAUX SPÉCIAUX.

Hôpital Saint-Louis, fondé par Henri IV, en 1607; Augustines hospitalières.

Voici maintenant la liste des hôpitaux dont la fondation est d'une origine plus récente, mais qui sont desservis par des religieuses :

HÔPITAUX GÉNÉRAUX.

Hôpital Saint-Antoine ; Sœurs de Sainte-Marthe.
Hôpital Necker ; Sœurs Saint-Vincent de Paul.
Hôpital Beaujon ; Augustines hospitalières.
Hôpital Lariboisière ; Augustines hospitalières.

HÔPITAUX SPÉCIAUX.

Hôpital de Lourcine ; Religieuses de la Compassion.

Hôpital Sainte-Eugénie ; Sœurs de Saint-Vincent de Paul.

Hôpital de l'Enfant - Jésus ; Dames de Saint-Thomas de Villeneuve.

HÔPITAUX MILITAIRES.

Hôpital du Val - de - Grâce, personnel militaire assisté par les Sœurs de Saint-Vincent de Paul.

Hôpital du Gros-Gaillou, personnel militaire et Sœurs de Saint-Vincent de Paul.

Hôpital Saint-Martin, personnel militaire et Sœurs de Saint-Vincent de Paul.

Hôpital de Vincennes, personnel militaire et Sœurs de Saint-Vincent de Paul.

Les institutions suivantes sont des œuvres exclusivement catholiques :

Œuvre des Dames du Calvaire. Association des dames veuves qui reçoivent et soignent dans leur hospice, rue Léontine, des femmes incurables atteintes de plaies vives, qui ne peuvent être reçues ou gardées assez longtemps dans les hôpitaux.

Maison de convalescence et orphelinat Saint - Louis, dirigée par les Sœurs de Saint-Vincent de Paul qui y reçoivent les jeunes garçons convalescents, les soignent jusqu'à leur guérison, leur font la classe et les préparent à la première communion, s'il est nécessaire.

Asile du Saint-Cœur de Marie, pour les jeunes filles convalescentes, fondé par l'Œuvre de la Visite des malades dans les hôpitaux.

Œuvre de l'Enfant-Jésus, pour la convalescence des jeunes filles.

Œuvre des Jeunes Convalescentes.

Œuvre de patronage et Asile pour les aliénés convalescents, rue du Théâtre.

HOSPICES.

Maisons de retraite pour les vieillards et les incurables.

Maison de retraite de La Rochefoucauld, desservie par les Sœurs de Saint-Vincent de Paul.

Maison Chardon-Lagache ; Sœurs de Saint-Vincent de Paul.

Hospice Leprince ; Sœurs de Saint-Vincent de Paul.

Asile de la Providence ; Sœurs de la Charité de Nevers.

Petites Sœurs des pauvres, pour les vieillards, hommes et femmes, ayant *cent cinquante maisons* en France, dont *cinq* dans Paris où sont entretenus plus de mille vieillards.

Maison de retraite de Notre-Dame de Nazareth, pour les vieillards des deux sexes des paroisses de Saint-Sulpice et de Notre-Dame des Champs ; on y reçoit des ménages.

Hospice d'Enghien, hommes et femmes ; Sœurs de Saint-Vincent de Paul.

Asile Saint-Vincent de Paul, hommes et femmes, fondé par M. le curé de Sainte-Marie des Batignolles, et desservi par les Dames Augustines.

Asile de vieillards, rue Saint-Maur, dirigé par les Dames Auxiliatrices de l'Immaculée-Conception.

Asile Saint-Joseph, fondé par M. le curé de Saint-Honoré, pour les vieillards des deux sexes ; desservi par les Sœurs de la Sagesse.

Asile de vieillards pour la paroisse Saint-Philippe du Roule ; Sœurs de Saint-Vincent de Paul.

Asile de vieillards pour la paroisse Saint-Augustin ; Sœurs de Saint-Vincent de Paul.

Asile Anselme Payen, pour les vieillards de la paroisse Saint-Jean-Baptiste de Grenelle.

Hospice Brézin, ou de la Reconnaissance ; Sœurs de la Compassion.

Infirmerie Marie-Thérèse, pour les prêtres âgés ou infirmes ; Sœurs de Saint-Vincent de Paul.

Asile Notre-Dame de Bon-Repos pour les femmes ; Religieuses du Calvaire.

Hospice Greffulhe ; Sœurs de Saint-Vincent de Paul.

Sainte-Anne-d'Auray, à Châtillon, pour les femmes âgées ; Sœurs de Saint-Vincent de Paul.

Retraite Sainte-Anne, à Neuilly, sous la direction de M. le curé de la Madeleine, confiée aux Sœurs de Saint-Vincent de Paul.

Asile de Sainte-Anne pour les vieilles femmes, rue Perronet, fondé par M. le curé de Saint-Thomas-d'Aquin et desservi par les Sœurs de Saint-Vincent de Paul.

Maison de la Sœur Rosalie Rendu, pour les vieilles

femmes, dirigée par les Sœurs de Saint-Vincent de Paul, où l'on reçoit gratuitement les vieilles femmes du cinquième arrondissement.

Asiles pour les vieillards, pour les femmes âgées de la paroisse Saint-Germain des Prés, dirigé par les Sœurs de Saint-Vincent de Paul.

Notre-Dame des Sept-Douleurs, asile Mathilde, jeunes filles incurables; Sœurs de Saint-Vincent de Paul.

AVEUGLES ET SOURDS-MUETS.

Œuvre des Sœurs aveugles de Saint-Paul, où l'on reçoit des jeunes filles aveugles dès l'âge de quatre ans.

Société générale d'éducation, de patronage et d'assistance des sourds-muets et des aveugles, dont le but est de donner, depuis l'enfance jusqu'à la vieillesse, aux sourds-muets sans fortune et aux enfants aveugles ou sourds-muets l'assistance religieuse, morale, intellectuelle et physique, dont ils ont besoin. Cette Société a fondé des cercles, ouvert des cours pour les adultes; elle fournit des secours aux malades, aux infirmes, aux vieillards; elle assiste les sourds-muets par le ministère d'avoués, d'avocats, d'interprètes devant les tribunaux, ainsi que dans tous les actes de la vie civile.

Rappelons pour mémoire que l'institution des Sourds-Muets a été dans son origine une fondation catholique.

INSTITUTIONS DE SECOURS MUTUELS ET DE PRÉVOYANCE

Caisse des loyers. — La Société de Saint-Vincent de Paul a établi cette œuvre. Un grand nombre de conférences ont une caisse de ce genre.

Société de Saint-François-Xavier, ayant pour but de procurer aux ouvriers l'instruction chrétienne, et des secours spirituels et temporels en cas de maladie. Cette œuvre existe sur un certain nombre de paroisses de Paris.

MARIAGES. — ASSISTANCE JUDICIAIRE.

Société de Saint-François Régis, dont le but est de faciliter le mariage civil et religieux aux indigents et la légitimation de leurs enfants naturels.

Comité des mariages, de la Société de Saint-Vincent de Paul, même but que la Société de Saint-François Régis. Cette œuvre compte soixante-et-onze comités à Paris et dans la banlieue.

Œuvre de l'avocat des pauvres, fondée par la Société de Saint-Vincent de Paul. Elle a pour but de fournir aide, conseil et secours aux pauvres pour la défense ou la réclamation de leurs droits et de les aider dans les procès qu'ils ont intérêt à soutenir ; elle défend les accusés devant les tribunaux ou confie leurs procès à l'Assistance judiciaire après les avoir préalablement instruits elle-même.

Œuvre des tutelles (Société de Saint-Vincent de Paul). Elle a pour but de constituer des tutelles à de pauvres enfants mineurs abandonnés ou confiés à de mauvaises mains ; elle organise des conseils de famille et fait les démarches nécessaires pour procurer aux enfants, dont elle s'occupe, des tuteurs honnêtes et moraux.

Œuvre du secrétariat des pauvres (Société de Saint-Vincent de Paul). Le but de cette œuvre est d'aider les pauvres secourus par la Société à rédiger et écrire leurs lettres, requêtes, pétitions et de les seconder dans leurs démarches.

CORRECTION. — RÉHABILITATION. — PRÉSERVATION.

Société de patronage pour les jeunes détenus et les jeunes libérés du département de la Seine, ayant pour but de maintenir dans les habitudes d'une vie honnête et laborieuse les jeunes garçons sortis par libération des maisons d'éducation professionnelle du département de la Seine. Elle se charge également des jeunes délinquants qui peuvent lui être remis par l'autorité administrative avant l'époque de leur libération. Elle s'occupe de compléter l'éducation morale et religieuse de ces enfants, leur procure un placement ou un apprentissage et les confie au patronage des membres de la Société désignés à cet effet. Elle donne asile à ceux de ses patronnés malades ou sans ouvrage qui n'ont personne pour les recevoir.

Refuge de Notre-Dame de la Charité dit Saint-Michel fondé pour recueillir les jeunes filles et les femmes qui se sont écartées de la bonne voie et les ramener à une vie régulière. Une classe spéciale a été créée pour celles qui veulent finir leur existence dans la maison. Dirigé par les Dames de Saint-Michel.

Société de patronage des jeunes filles libérées et détenues destinée à recueillir les jeunes filles enfermées à Saint-Lazare et qui obtiennent l'autorisation de passer le temps de leur détention dans la maison, où elles reçoivent, sous la direction des Sœurs de Marie-Joseph, une éducation chrétienne et réformatrice. Une partie du gain de leur travail est placée à la Caisse d'épargne; ce livret leur est remis, ainsi qu'un petit trousseau, à leur sortie. L'Œuvre continue à exercer son patronage et sa surveillance sur elles; la maison leur reste ouverte quand elles se trouvent momentanément sans travail.

Notre-Dame de la Miséricorde, ouvroir de Vaugirard, pour les jeunes filles de seize à vingt-cinq ans, provenant des maisons de correction, ou confiées par leur famille, ou abandonnées après une faute.

Œuvre des prisons pour soulager les prisonniers, les améliorer pendant leur séjour en prison, et les diriger dans la bonne voie en leur procurant du travail après leur libération.

Maison et Œuvre du Bon Pasteur tenue par les Dames de Saint-Thomas de Villeneuve, sous la direction spirituelle des Pères de la Miséricorde; cette œuvre s'occupe de ramener au bien les jeunes filles que leur mauvaise conduite a dû faire entrer à l'infirmerie ou aux ateliers de Saint-Lazare.

Asile-ouvroir de Gerando, sous la direction des Sœurs de Marie-Joseph, destiné à recevoir les jeunes filles victimes d'une première faute, et que leur état d'abandon expose, à la sortie de l'hôpital, à tous les dangers de la corruption et de la misère. La maison est également ouverte aux convalescentes de seize à vingt-quatre ans.

Refuge Sainte-Anne, à Clichy, fondé par Mlle Chupin, en religion Sœur Vincent Ferrier, dirigé par les religieuses tertiaires de Saint-Dominique, dans le but de secourir les filles égarées et de leur donner des habitudes de religion, d'ordre, de régularité et de travail. L'œuvre se compose de trois classes :

1° La classe de persévérance pour les repenties qui veulent rester dans la maison ;

2° Une classe pour les filles de tout âge et de toute position.

3° Une classe de préservation, complètement séparée pour les enfants que l'incurie de leurs parents ou des instincts pervertis tendent à livrer au mal.

Œuvre de la préservation, dirigée par les religieuses du Saint Nom de Jésus.

Petit ouvroir Saint-Vincent de Paul, pour les petites filles pauvres, orphelines ou délaissées que de précoces dispositions au vice ne permettent pas d'admettre dans les ouvroirs ou orphelinats ordinaires.

Asile Sainte-Madeleine destiné à recueillir pendant quelque temps les jeunes filles ou les femmes après une première faute.

La liste que nous venons de donner est loin d'être complète. Nous n'y avons porté que les œuvres de Paris ; nous en avons exclu volontairement un certain nombre d'œuvres qui, bien que parisiennes,

ont pour objet les étrangers si nombreux, Allemands, Flamands, Italiens, etc., qui se trouvent à
Paris. On remarquera aussi que nous nous sommes
borné aux œuvres qui ont pour but de secourir les
pauvres dans toutes leurs misères. Nous nous sommes abstenu de reproduire les noms des œuvres en
si grande quantité, et dont quelques-unes sont si
considérables, qui ont un but plus spécialement
religieux.

BOURGEOIS.

TABLE DES MATIÈRES

Paris. — E. DE SOYE et FILS, imprimeurs, place du Panthéon, 5.

EN VENTE A LA MÊME LIBRAIRIE

Paris. — E. DE SOYE et FILS, imprimeurs, place du Panthéon, 5.

www.ingramcontent.com/pod-product-compliance
Lightning Source LLC
Chambersburg PA
CBHW072229270326
41930CB00010B/2058